忙しい毎日が劇的に変わる

教師の
すごい
ダンドリ術！

山中伸之 [著]

学陽書房

はじめに

　本書を手にとってくださった先生方は、おそらく次のようなことで悩まれているのではないでしょうか。
「次から次へと校務に追われ、なかなか自分の時間が持てない」
「やらなければならない仕事があってもやる気が起きない」
「1つひとつの仕事に、いつも思った以上の時間がかかってしまう」
「子どもたちの指導に余計な手間と時間がかかり、肝心の学習指導などにじっくり取り組めない」

　また、次のようになりたいと思っているのではないでしょうか。
「校務をテキパキこなし、仕事に追われる生活を脱したい」
「時間と仕事を自己管理し、できる教師へと自分を高めたい」
「ゆとりを持って学級経営を行い、教育の質を高めたい」
「子どもたちのために時間を十分に使える教師でありたい」

　私自身、以前は皆さんと同じような悩みを抱える教師の1人でした。しかし、「このままではまずい」と考え、小さな工夫を積み重ねた結果、少しずつ仕事をスムーズにこなすコツをつかめるようになりました。
　その工夫を考えるときに強く意識したこと、それが「ダンドリ」です。
ダンドリを意識して日々の仕事を見直すと、仕事の効率はぐっと上がります。
　では「ダンドリ」とは何でしょうか？
　物事を実行するためには、もっとも効率的で効果的な手順があります。これを無視してやみくもにやっていては、時間もかかり効果もあまり上がりません。
　このもっとも効率的で効果的な手順を考えること、またその手順が「ダンドリ」です。

また、物事を実行する際には、たとえ時間がかかっても、決して省いてはならない一手間があります。面倒だからその一手間を省いてしまったために、後になって二手間も三手間も余計にかかってしまったという経験が皆さんにもあるのではないでしょうか。この絶対に必要な一手間を手順に繰り入れることもまた、「ダンドリ」です。
　つまり、「ダンドリ」を考えたり「ダンドリ」に沿って実行したりすることで、効率的に仕事を処理したり、効果的な実践を行ったりすることができるようになるのです。

　もちろん、教育の仕事というものは、効率や効果ばかりを追求してはなりません。
　教育界の先哲・森信三先生は、
「教育とは流水に文字を書くような果かない業である。
**　だがそれを岸壁に刻むような真剣さで取り組まねばならぬ」**
という言葉を残しています。
　ここには、効率や効果ばかりを追い求めるのではなく、子どもの可能性を信じて、ひたむきに教育実践に打ち込むことの必要性、またその素晴らしさ、そのような教師の崇高な姿をも見ることができます。

　それでも、現実的に時間がなければ、流水に文字を書くことさえもできません。そこで本書では、校務の「ダンドリ」から、学級を経営する上でのほんの小さな実践の「ダンドリ」まで、私の実践を通したものばかりを紹介させていただきました。
　決して身構える必要はありません。誰でもすぐに取り組むことができる、そして必ず効果を実感できるものです。
　森信三先生のお言葉を胸に刻みつつ、子どもたちのために使える時間を生み出すために、これらの「ダンドリ」が、本書を手にとってくださった先生方のお役に立つことを願っています。

　　　　　　　　　　　　　　　　　　　　　　　　山中 伸之

こんなことに悩んでいませんか?

- ❶ 仕事量が多すぎてほぼ毎日残業か持ち帰りだ
- ❷ いつも何かに追い立てられている気がする
- ❸ 次から次へと仕事が増えて落ち着かない
- ❹ 子育てなど、家庭と仕事の両立に悩んでいる

なぜ、いつも忙しいのか?
忙しいと感じてしまうのか?
それは、ダンドリを考えずに仕事をしているからです。

ダンドリを覚えれば…

❶ ちょっとした工夫で、仕事がラクになる！
❷ ひと手間加えることで、余計な手間が省ける！
❸ スキマ時間を活用して、効率的に仕事が進む！
❹ ゆとりを持って、子どもに接することができる！

誰でもすぐにできる、
ちょっとしたヒントをお伝えします。
それでは、ダンドリ術を見てみましょう！

忙しい毎日が劇的に変わる
教師のすごいダンドリ術！

Contents

Part 1 始業前・朝の会にやっておくべきダンドリ術！

- 01 提出物はかごで集め、名簿にチェックさせる 12
- 02 連絡帳はメッセージの有無で分類する 14
- 03 お金や重要書類は目の前で確認しながら集める 16
- 04 始業5分前からの学級日課を決めておく 18
- 05 その日の指示は黒板に書く 20
- 06 朝の会は、スリム化すればうまくいく 22
- 07 提出物の緊急チェックに備える5分間読書 24

Part 2 休み時間を有効活用するためのダンドリ術！

- 08 5分でできることをリストアップする 28
- 09 ルーチンワークを決めておく 30
- 10 こまめに子どもの様子を観察して、記録に残す 32
- 11 忙しくても、週に1回は子どもと遊ぶ 34
- 12 外遊びをさせて一人の時間を作る 36
- 13 掲示を子どもに手伝ってもらう 38

Part 3 給食を スムーズに済ませる ダンドリ術！

- ⑭ 白衣や袋にはすべて同じ番号をつけておく 42
- ⑮ 給食当番は必要最少人数で 44
- ⑯ 配膳は手伝わずにクラス全体を見守る 46
- ⑰ 待っている子どもには読書をさせよう 48
- ⑱ 黙って食べる時間をつくる 50
- ⑲ 一体型給食時計でテキパキ食事を済ませる 52
- ⑳ 給食中に明日の連絡を済ませておく 54
- ㉑ おかわりは担任主導で 56
- ㉒ アレルギーチェックは何度も確実に 58

Part 4 清掃・帰りの会を テキパキ行う ダンドリ術！

- ㉓ 清掃の仕方をきちんと教えておく 62
- ㉔ 昼休みに床を掃かせておく 64
- ㉕ 清掃中は無言で取り組ませる 66
- ㉖ 帰りの会の自己満足な連絡はやめる 68

㉗ 帰りの会の魔法の言葉で気分よく下校させよう　70
㉘ 配付物には名前を書かせよう　72

Part 5 放課後に事務処理を進めるダンドリ術!

㉙ ToDoリストは具体的に書く　76
㉚ 昨年度のフォルダを「ToDoリスト」にする　78
㉛ 時と場合によって、やりやすい仕事を分ける　80
㉜ 1週間分の仕事の記録をとってみる　82
㉝ 職員室に行く時刻をあらかじめ決めておく　84
㉞ 1人だけで考えず、すぐに聞く　86
㉟ 資料と文具は持ち歩くと便利　88
㊱ 効率アップのための書類管理法　90
㊲ やらなければならない仕事は机の上に出しておく　92
㊳ 帰宅する時刻を決めてだらだらしない　94

Part
6 授業で必ず役立つダンドリ術！

- ㉟ 早く終わったら何をするかを決めておく 98
- ㊵ 忘れ物は自己申告させる 100
- ㊶ 用具や教科書は複数用意しておく 102
- ㊷ 指示はなるべく板書する 104
- ㊸ 個別指導は短く3回まで 106
- ㊹ ノートの使い方を指導すれば、プリントいらず 108
- ㊺ 子どもの板書、作品は写真に残す 110
- ㊻ 発表を聞きながら評価をする 112
- ㊼ 毛筆書写の準備、片付けをまずきちんと教える 114
- ㊽ 提出物は番号順に3〜4か所で集める 116
- ㊾ 簡単な採点は子どもにさせる 118
- ㊿ 学習習慣の指導には時間を惜しまない 120
- ㉛ 子ども同士で教え合うクラスにする 122
- ㉜ 他の先生の作ったプリントはもらっておく 124
- ㉝ 市販のテストにプラスαを書かせる 126
- ㉞ 名前磁石で板書の手間を省く 128
- ㉟ 班と班員に番号をつける 130

Part 1

始業前・朝の会にやっておくべきダンドリ術!

01 提出物はかごで集め、名簿にチェックさせる

ちょっとした工夫で、ぐっと効率的に！

◆ 意外に手間のかかる提出物集め

毎朝、教師が行う仕事の1つに、提出物集めがあります。以前の私は、子どもたちに声をかけて、1人ずつ番号順に集めていました。

授業参観の出欠票や、習字セットの申込みなどは、後で番号順にそろえたり、提出したかどうかをチェックしたりする手間を考えると、自分で直接、番号順に集めたほうがよいと考えていたのです。

しかし、子どもたちが全員そろっていないと集められません。また、番号順に一列に並ばせて集めると、時間がかかります。

毎日提出させる宿題だけは、教卓の上に提出させていたものの、ノートやプリントが乱雑に置かれ、ときには床の上に落ちていることもありました。提出していない子に逐一声をかけるのも、とても手間がかかります。

◆ かごを使って集める仕組みをつくる

あるとき、「隣のクラスの先生はどうやっているのだろう？」と覗いてみると、ノートをかごに入れて集めています。

そこで、私もかごを使ってみました。毎朝、子どもたちが自分でかごに入れるよう教え、提出したら名簿にチェックさせることにしました。すると、提出物集めの効率が上がり、催促やチェックの手間も省けました。朝の教室もすっきりして、気分よく1日を始められます。

ダンドリのSTEP!

❶ かごは数種類用意し、入れ方を教えておく
Ａ４サイズの用紙の入るかご（書類箱の形をしたプラスチック製のもの）を、100円ショップなどで用意します。

❷ 何をどのかごに入れるかを説明する
Ａ４サイズのプリントはそのままかごに入れさせます。ノート類は、該当ページを開いた状態でかごの両側にはみ出すように入れます。また、毎日提出するものは、提出物の名前をかごに貼っておきます。その他は最初に出す子が上手に判断して入れるように指導します。

❸ 出したときに、名簿に○をつけさせる
かご別に名簿を用意しておき、かごに入れたら子どもたちに自分でチェックさせます。名簿を見れば個別に声をかけることもできます。

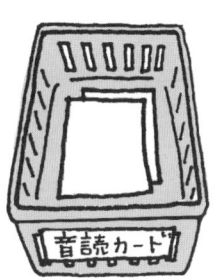

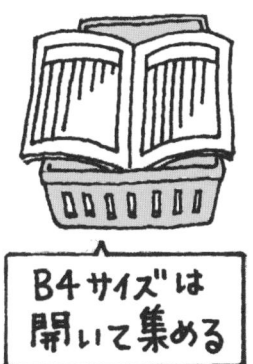

B4サイズは開いて集める

ONE-POINT-ADVICE!
かごは色違いのものを用意すると、どれに何を入れるか、わかりやすくなります。また、名簿は厚紙の台紙に貼り、厚紙に穴を開けてひもを通し、ひもの先に鉛筆を結んでおくと便利です。

02 連絡帳はメッセージの有無で分類する

家庭からの連絡を見逃さないよう、集め方を工夫しよう！

◆ 連絡帳の内容がきちんと伝わらない

　３日間、体調不良で休んでいた子が、久しぶりに元気に登校してきました。

　体育をやるかどうか尋ねると、元気いっぱいに「やります！」との返事。そこで、普通に体育の授業に参加させました。

　その子はその後も元気に過ごし、何事もなかったのですが、帰りの会のときに「忘れてました」と言って、連絡帳を見せに来ました。

　すると、そこには、「熱も下がって体調はよくなったのですが、念のため、体育は見学させてください」と書いてあるではありませんか。

　放課後、ご家庭にお詫びの電話を入れて事なきを得ましたが、冷や汗が出ました。また、この他にも簡単な問い合わせであっても、帰りの慌ただしいときに出されて、返信に苦労したことが何度もあります。

◆ 連絡の有無で提出の仕方を変える

　連絡帳は、保護者の方と教師をつなぐ役割を持っています。

　保護者にとっては、学校での子どもの様子を知る大切なツールであり、教師にとっても、保護者との信頼関係を築くために欠かせないものです。そこで、連絡漏れがないよう、連絡帳の集め方を工夫することにしました。方法は簡単です。保護者からの連絡（メッセージ）の有無によって提出の仕方を変えると、返事の必要性が一目でわかるようになります。

ダンドリのSTEP!

❶ 最新の日付のページを開いて出させる
点検の際に開く手間が省け、子どもたちも保護者からの連絡があるかどうか、確認することができます。

❷ 家庭からの連絡がなければ開いて、あれば閉じて提出させる
他の子に見られると困るものもあるため、連絡があるときは閉じた状態で提出させます。かごが1つの場合は、両方を重ねて入れさせ、かごが2つの場合は別々に入れさせます。

❸ 提出の仕方を練習して覚えさせる
何度か練習するとスムーズに提出できるようになります。

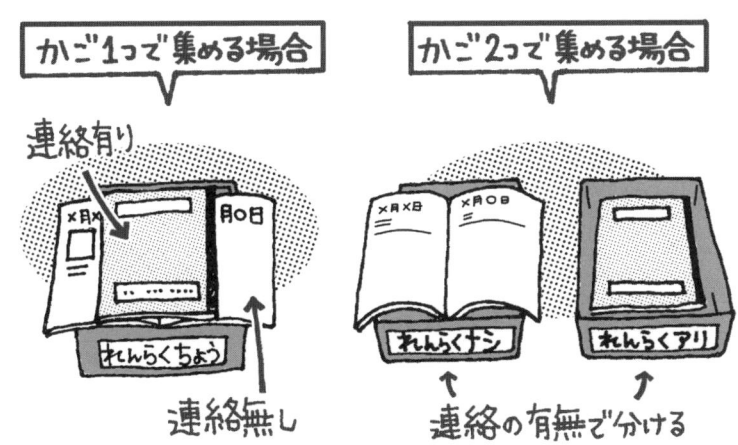

ONE-POINT-ADVICE!
正しい集め方の写真をとって、かごに貼っておくと、集め方を忘れてしまったり、乱れてしまったりしたときに子どもたち自身が確認することができて便利です。

03 お金や重要書類は目の前で確認しながら集める

紛失すると特に困るものは、スピードより確実性を重視！

◆ お金の紛失の処理は大きな手間

　私が教師になった頃は、集金はまだ銀行口座からの引き落としになっていませんでした。毎月決められた日に、子どもたちが集金袋にお金を入れて持ってくるのです。

　朝のうちに集金袋を集め、子どもたちが自習をしている間に、お金を確認・集計し、金種別表に記入して事務室に届けます。

　ところが、たまに集金袋に入っている金額が、予定した金額よりも少ないことがありました。10円や50円など少額なのですが、そのことを連絡すると、中には「きちんと入れた」と頑なに主張する家庭もありました。結局、ただただ管理不行き届きを謝るしかありませんでした。

◆ 子どもに見せて一緒に確認する

　現在でも、リコーダーや裁縫道具、彫刻刀など、希望した子どもだけが現金で購入するものがあります。また、お金だけでなく、個人情報が書かれた重要書類なども、集める際に何かミスがあると、その処理に大きな手間と時間がかかります。

　ですから、お金や重要書類は、子どもと一緒に1人ひとり確認しながら集めるとよいでしょう。プリントはちょっとした風で飛んで行ってしまったりしますので、連絡帳などの提出物とは違って、かごでは集めません。また、教師が行くまでは教室では触らせないようにします。

ダンドリのSTEP!

❶ かごでは集めないことを説明する

前日に、明日はかごでは集めないことを説明しておきます。かごはいつものところから片付け、見えない場所にしまっておきます。お金や書類は、教師が指示を出すまで、ランドセルから出さないように伝えます。

❷ 1人ずつ持ってこさせて、確認しながら集める

なるべく早く教室に行って、1人ずつ受け取り、子どもの目の前で確かめます。高学年の場合には、子ども自身に中身を出させて確かめさせます。そして、書類の不備や金額不足はその場で子どもにも伝えて納得させます。子どもが納得していますから、家庭からの苦情もほとんどありません。

ONE-POINT-ADVICE!

集める際には全員を並ばせず、列やグループごとに並ばせ、他の子には読書をさせておくと静かです。場合によっては、子どもたちを席につかせ、教師が順番に回収してもよいでしょう。

04 始業5分前からの学級日課を決めておく

スムーズに1日のスタートを切るために！

◆ チャイムが鳴っても落ち着きがない

「チャイムが鳴ったら席につく」

教師なら誰でも子どもたちに言い聞かせていることです。

しかし、実際にはチャイムが鳴ってから席についても、落ち着いて活動に取りかかるまでには相応の時間がかかります。

つまり、本当に必要なのは、「チャイムが鳴ったら」ではなく、「チャイムの前に」席に着くことなのです。

特に、1日の始まりのチャイムは、子どもにとって重要です。このチャイムで、子どもたちは「学校」という公の場での活動に気持ちを切り替えるからです。

◆ 5分前学習という「学級日課」をつくる

そこで、「1日の始まりのチャイムの5分前に席に着いて、学習を始める」という「学級日課」を決めました。これは、学校の日課にはない、学級だけの日課です。

5分前に席に着くことで、チャイムが鳴る頃には、全員落ち着いて活動することができます。チャイムが鳴ったばかりで他のクラスがまだ騒がしくしているときでも、静かに学習に取り組んでいると、教師もとても気持ちよく朝の授業を始めることができます。

ダンドリのSTEP!

❶ 趣旨を説明し、練習をする

「学級日課を実行することで、落ち着いて1日を始めることができる」ということを説明します。そして、数日間は教師も5分前には教室に入り、子どもたちの活動を見守ります。

❷ 何曜日には何をやるかを決めておく

あらかじめ、曜日ごとに学級日課の具体的な内容を決めておくと、子どもたちもスムーズに取りかかれます。

はじめのうちは、教師も一緒に居て確認するとよいでしょう。

　月曜日：読書　　　火曜日：計算ドリル・漢字練習
　水曜日：係活動　　木曜日：読書
　金曜日：計算ドリル・漢字練習

ONE-POINT-ADVICE!

学級日課を始めて間もない頃は、多少騒がしかったとしても、あまり気にする必要はありません。あくまで、「始業時刻にスムーズに活動に取り組める」という目的を達成できていればOKです。

05 その日の指示は黒板に書く

朝の会の連絡事項は、目で見てわかるように伝える！

🖊 話して伝えたことは忘れてしまうことが多い

　朝の職員打ち合わせで、「美化委員会の子は昼休みに図工室に集まるよう連絡してください」と、委員会の担当の先生から連絡がありました。そこで、朝の会で美化委員会の子に口頭でそのことを伝えました。

　ところが昼休みに、他のクラスの美化委員会の子が教室にやってきて、「美化委員会の人が来ていないので呼びに来ました」と言います。

　美化委員会の子がうっかり忘れて、外に遊びに行ってしまったようです。私は急いで校庭に探しに行きました。

　実はこのようなことは何度もありました。話して伝えたことは忘れてしまうことがあるのです。

🖊「事前に書く」ひと手間が後のふた手間を省く

　そこで、なるべく朝のうちに黒板に書いたり、紙に書いて貼ったりするようにしてみました。すると、1つひとつ口頭で伝えたり、念を押したり、直前にもう一度確認したりする手間も少なくなりました。不在で探しに行ったり、後でやらせたりする手間もなくなります。

　このように、事前に書くことは、ひと手間増えることになります。しかし、そのひと手間が、結局はその後のいくつもの手間を省くことになります。忙しいと、つい口頭での連絡で済ませてしまいがちですが、大事なことだけでも、なるべく書いて伝えるようにするとよいでしょう。

ダンドリのSTEP!

❶あらかじめ始業前に黒板に書いておく
朝の職員打ち合わせの前にすでにわかっていることは、子どもたちが登校したらすぐ目に入るように、あらかじめ黒板に書いておきます。

❷朝の打ち合わせ事項はその場で紙に大きく書く
職員打ち合わせでは、連絡事項を聞きながら、Ａ４の反古紙の裏に大きくメモします。それを教室に行って黒板に貼っておきます。

❸班長に班員が読んだかどうかを確認させる
子どもたちには、普段から黒板をチェックするように習慣づけておきます。そのうえで、読んだかを確認させる仕組みを作ります。

ONE-POINT-ADVICE!
黒板に書いても忘れてしまう子には、班長や気の利く子に班員への声かけをお願いしておくと、うっかり忘れが減ります。また、もし教師が忘れても、子どもたちが教えてくれるので助かります。

06 朝の会は、スリム化すればうまくいく

本当に必要なことに絞って、ゆとりを持つ！

◆ 朝の会の本質をわかっていますか？

　以前、いろんな先生の朝の会を見たり聞いたり、本を読んだりして、朝の会のメニューにあれもこれもと入れていたことがありました。
　例えば、「今週の運勢」「ラッキーカラー」「ことわざの紹介」「１分間スピーチ」「先生のお話」（昔のエピソードなど）などです。
　当然、それぞれに時間がかかります。その他にも健康観察やその日の連絡があるので、いつも１時間目の授業に食い込んでしまいます。
　しかし、そもそも朝の会は、子どもたちの健康を観察し、家庭からの連絡を含めた提出物を集めて確認し、その日の連絡を伝えることが目的です。その他のことは必要ないのです。
　このように割り切ることで、大事なことに時間をかけられるようになり、１時間目の授業に食い込むことも少なくなりました。

◆ 朝の会のプログラムを精選する

　朝の会のプログラムを「精選する」という視点で、思い切って見直してみましょう。
　「一応話しておこう」「念のために伝えておこう」程度の話は、控えても差し支えありません。子どもにとって本当に必要な内容かどうかを吟味して、ムダな時間を費やすことはやめましょう。また、そうすることで、本当に大切なことがよく伝わるようになります。

ダンドリのSTEP!

❶ 朝の会で最低限必要なことは3つだけ

必須なのは、「健康観察」「提出物確認」「連絡事項」の3つです。その他のメニューは、あくまでプラスアルファと考えましょう。

❷ どうしても行いたいものは、日替わりメニューにする

上記の3つ以外は、時間がある場合のみ行ったり、掲示板への掲示で間に合わせたりします。おすすめは、日替わりメニューにする方法です。

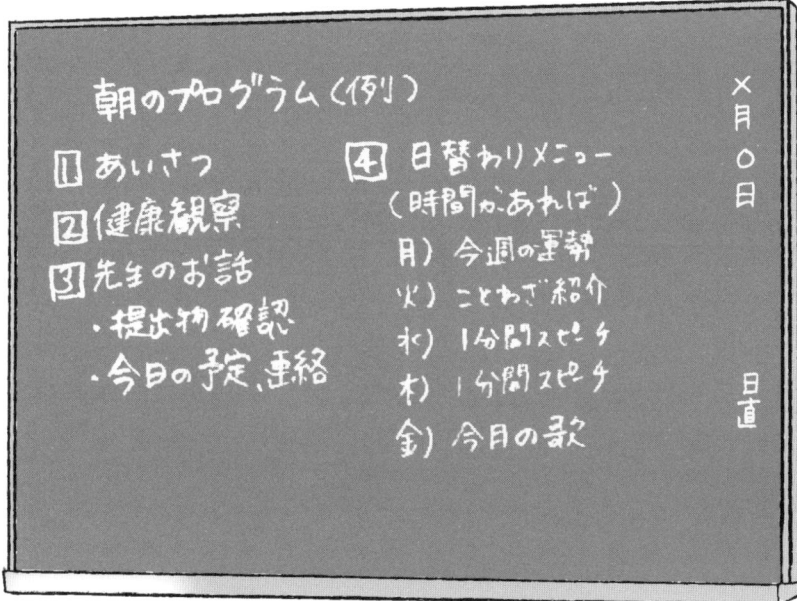

ONE-POINT-ADVICE!

時間にゆとりがあれば、健康観察や連絡事項の説明に十分な時間をかけることができます。そのうえで、さらに時間がある場合のみ、日替わりメニューを取り入れるとよいでしょう。

07 提出物の緊急チェックに備える5分間読書

何かあったときでも、さっと自習できるクラスに！

◆ 緊急チェックに追われる

　予防接種の当日は、子どもたち1人ひとりから「問診票」を預かります。個人情報が書かれたものですから、事前にかごで集めておくわけにはいきません。教室に行って番号順に集めます。

　集めてから、その日の朝の体温が計ってあるか確認し、体温が高い子には赤線を引きます。また、保護者の接種確認印が押してあるか、アンケートの項目に答えてあるか、などもチェックします。

　これらのチェックは朝のうちに行い、問診票をそろえて養護教諭に渡します。

　確認印がなかったり、アンケートに答えてなかったりする場合は、すぐに保護者に連絡をしなければなりません。

　そのようなことをしていると、1時間目の授業が始まってしまいます。

◆ 普段からすぐに自習できるようにしておく

　そんなとき、「5分間読書をしてください」「10分間自習をしてください」と指示しただけで、子どもたちがさっと活動に取りかかれるようにしておくと、緊急時に慌てることなく対応することができます。

　必ずしも読書や自習ではなくてもかまいません。低学年の子どもたちの場合は、「お絵かき」や「粘土」でもOKです。学年に応じて、何か静かに活動できるものを決めておきましょう。

ダンドリのSTEP!

❶ 本は常に1冊以上机に入れさせておく

普段から、読書用の本が常に手元にあるという状態にしておきます。図書室で借りた本でもかまいません。机の中に入らなければ、図書袋に入れて机の横にかけておきます。いつでもすぐに読めることが大事です。

❷ 自習時にやるべきことを3つ決めておく

「まずは、計算ドリル。次に自主学習ノート。それも終わったら読書」という具合に、やるべきことを3つ決めておきます。あまり多すぎると、子どもたちが混乱してしまうので、3つくらいが適当です。静かに自習ができるということを、学習訓練の1つの項目としてもいいでしょう。

ONE-POINT-ADVICE!

急な用事ができて、どうしても教室を5～10分空けなくてはならないことがあります。隣の先生に一声かけていきますが、そんなときのためにも、10分間静かに作業ができるということが役に立ちます。

Part 2

休み時間を有効活用するための**ダンドリ術**！

08 5分でできることを リストアップする

「何をしよう？」と考える、その時間がもったいない！

✏️「短時間ではムリ」とあきらめがち

　若い頃、40代の女性の先生と一緒の学年を組んだことがありました。その先生には、小学生と中学生のお子さんがいました。

　当時の私は独身で、時間だけはたっぷりあったので、毎日遅くまで職員室に残って仕事をこなす日々。一方、その先生は主婦として家事もこなしていたため、毎日午後6時前には帰宅していきます。

　それでも、彼女が仕事を滞らせたことは一度もなく、「一体いつ仕事をしているのだろう？」と不思議に思っていたある日、彼女はいつでも、時間があれば必ず赤ペンを動かしていることに気づいたのです。

　話を聞いてみると、「短い時間でも、できることはたくさんあるわよ」とのこと。「山中先生も、ぼーっとしてたら今日も残業になっちゃうよ」と言われ、我が身を省みたのでした。

✏️ 寸暇を生かすための「5分間ワークリスト」

「寸暇を惜しむ」という言葉があるように、わずかな時間を生かすことは仕事を効率よく進めるうえで大切なことです。

　5分ではできない仕事がある一方で、5分あれば十分にこなせる小さな仕事もあります。また、5分では終わらず、中断したとしても、スムーズに再開できる仕事もあります。そこで、短時間でもできる「5分間ワークリスト」を作成しておくと、スキマ時間を有効活用できます。

ダンドリのSTEP!

❶ 寸暇を惜しむことを決意する
「今日から5分時間があったら、どんなことでもいいから仕事をしよう」と決意することが始まりです。紙に「寸暇を惜しむ」と書いて、机の上に貼っておくとよいでしょう。

❷ 短時間でできる仕事をリストアップしておく
時間ができたときに「さて、何をしよう?」と考える、その時間がムダ。効率的に仕事をこなすためには、5分、10分あればできるという仕事を、普段からいくつかリストアップしておきます。

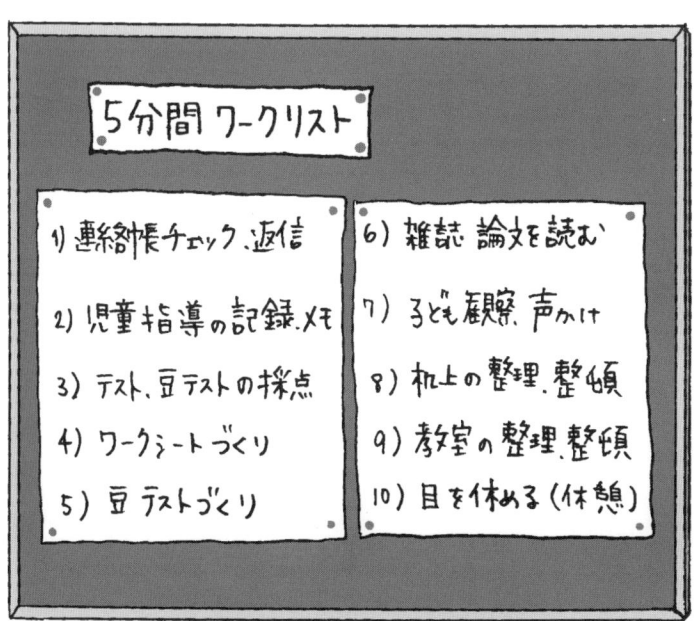

5分間ワークリスト
1) 連絡帳チェック、返信
2) 児童指導の記録、メモ
3) テスト、豆テストの採点
4) ワークシートづくり
5) 豆テストづくり
6) 雑誌、論文を読む
7) 子ども観察、声かけ
8) 机上の整理・整頓
9) 教室の整理・整頓
10) 目を休める(休憩)

ONE-POINT-ADVICE!

すぐに仕事に取りかかるためには、「材料と道具」がすぐそばにあることが大切。メモ帳、記録用紙、豆テスト用紙、ワークシートなどは、机上や引き出しの所定の場所に置いたり、携帯したりしましょう。

09 ルーチンワークを決めておく

頭を使わず、手足を動かせばできる仕事を決めておく！

◆ 仕事に取りかかるまでの時間がムダ

　職員室でよく、「今は仕事する気になれないから、子どもの氏名印押しとかの単純作業をしよう」という声を聞きませんか？

　時間があって、「さて、仕事をしよう」と思っていても、なかなか仕事をする気分になれない。特に体調が悪いわけではないのに、なかなか仕事に手が出ない。

　理由は簡単です。

　やろうとしている仕事が「面倒で大変」だからです。

　その大変さがわかっているから、取りかかるのが億劫になってしまう。その結果、仕事がどんどん溜まり、多忙感が募っていくのです。

◆ 時間を有効活用する「ルーチンワークリスト」

　そんなときには、冒頭の先生のように、特に頭を使わない決まりきった仕事（ルーチンワーク）をするのがおすすめです。

　これらをテキパキこなしていくと、いつの間にか頭と体が仕事モードに切り替わります。時間をムダにすることなく、「面倒で大変」な仕事に取りかかれるようになります。

　そこで、「5分間ワークリスト」と同様に、「ルーチンワークリスト」を普段から作っておくとよいでしょう。両者は共通する部分があっても差し支えありません。

ダンドリのSTEP!

❶ 次の観点でリストアップする
　　ア　単純な作業……印刷・判子押し・文書ファイル作り　など
　　イ　単純なシート作成……音読カード、日記、お礼の手紙　など
　　ウ　単純なデータ入力……面談記録、個人カルテ　など
　　エ　掲示物の作成や掲示　教室や廊下の掲示物　など

❷ リストのランクの記号をつける
最も単純なものからやや手間がかかるものまで、記号（●や★など）を使って3段階でランクをつけます。

❸ 一番処理しやすいものから手をつける
やる気が起きないときにリストをながめ、もっとも単純なものから取りかかります。

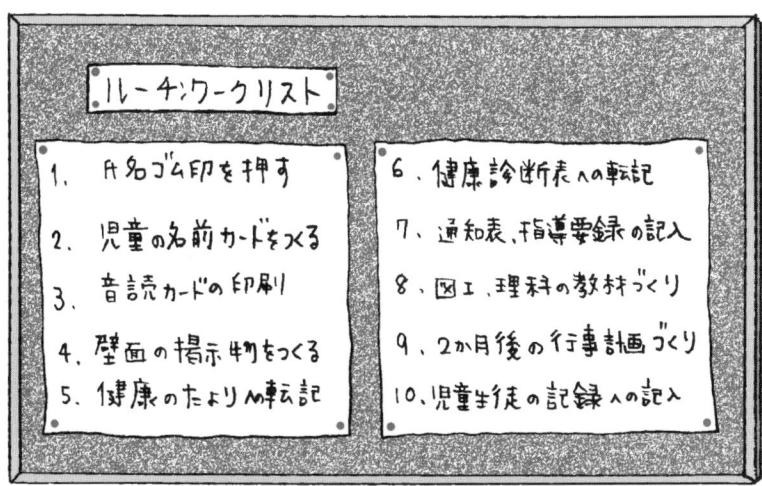

ONE-POINT-ADVICE

その他に、教室の床をきれいに掃いたり、子どもたちの机を水拭きしたりしてもよいでしょう。子どもたちの机は、驚くほど汚れていて、雑巾が真っ黒になることもあります。

10 こまめに子どもの様子を観察して、記録に残す

休み時間や授業中の姿をメモに残しておくと、後で役に立つ!

◆ 苦労した児童指導の記録への記入

　どこの学校にも、名称は異なりますが、子どもたちの日々の生活の様子を記録しておく帳簿があると思います。

　私の勤務する地域では、この帳簿を学期ごとに提出し、管理職が閲覧します。本来は、気づいたことがあれば、その都度記録していくべきものです。しかし、以前の私は、書くという作業がどうしても億劫になり、いつか書こうと思いながら、時間が経ってしまうことがほとんどでした。

　また、目立つ子のことは、比較的こまめに記録するものの、おとなしく目立たない子の場合は、書くことが見当たらないこともありました。

　提出の時期に慌てて記録を書き始めるのですが、その頃には記憶も薄れていて、四苦八苦しながら書くのが常でした。

◆ 休み時間に何でもいいからメモを残す

　そこで、休み時間に子どもたちの簡単なメモを残すことにしました。学級の子どもたち全員のことを書けるように、座席表に書き込むのがおすすめです。「毎日必ず記録する」などの実現が困難な習慣をつくろうとせず、無理のない範囲で行うとよいでしょう。

　このメモを児童指導の記録に転記します。また、通知票の所見資料や、保護者面談の資料としても活用することができます。

ダンドリのSTEP!

❶ 子どもたちの座席表を用意する
メモは何に書いてもかまいませんが、座席表を使うと、記録していない子どもの様子にも自然に目が向くようになるのでおすすめです。

❷ 1枚の座席表に、全員が埋まるまで書く
1日では当然全員は埋まりません。「気づいたときに書けばいい」というくらいの気持ちで、1か月に2枚書くことを目標にします。

❸ メモを取る曜日を決める
「毎週金曜日の昼休みにメモを取る」など、習慣化します。メモの内容は休み時間の様子や、その日の午前中のこと、数日前のことなどです。

ONE-POINT-ADVICE!
座席表は、教室と職員室の両方に用意しておくとよいでしょう。また、記録した日時は必ず入れるようにします。ワープロが得意ならば、直接ワープロで書いて保存しておくのもよい方法です。

11 忙しくても、週に1回は子どもと遊ぶ

授業では見せない、子どもたちのいろんな面を発見！

◆ 遊びの中でしか見えないこともある

　男女対抗でドッジボールをしたときのこと。
　当然男子の方が強く、女子は次第に人数が減っていき、ついに最後の1人になってしまいました。
　残ったのは普段からおとなしい子で、私はすぐに当てられてしまうと思っていました。ところが、この女子が意外にすばしっこく、男子が思いきり投げるボールを抜群の運動神経でかわしていきます。
　まるで牛若丸のような身のこなしに、私はその子に対する見方を大いに変え、保護者にも伝えました。
　またあるときは、やんちゃな男子が投げたボールが誤って1年生にぶつかり、泣かせてしまいました。すると、その男子はすぐに駆けより、泣いている子に普段からは想像できないほどのやさしい声をかけたこともありました。
　遊びの中で、子どもは授業中には見せない一面を見せてくれます。

◆ 一緒に遊ぶことで、信頼関係をつくる

　子どもたちは一緒に遊んでくれる先生を好きになります。そして、子どもが先生を好きならば、保護者もまた先生によい印象を持ちます。
　担任の先生が、子どものいろんな面を知っていることがわかると、保護者からの信頼も高まります。

ダンドリのSTEP!

❶ 子どもと一緒に遊ぶ曜日を決める
一緒に遊ぼうと思っていても、忙しいからと、つい後回しになりがちです。あらかじめ遊ぶ曜日を最低でも週に1日決めておきます。

❷ 何をして遊ぶかの計画を立てる
係の子どもたちに1か月分くらいの計画を立てさせておくと、子どもたちの自主的な活動の場にもなります。

ONE-POINT-ADVICE!

遊びの計画は、お楽しみ係とかレクレーション係とかにお願いします。遊びは何も外遊びだけとは限りません。教室の中でトランプをしたりおしゃべりをしたりするだけでもいいでしょう。

12 外遊びをさせて1人の時間を作る

子どもに見られて困る仕事を済ませる時間を作ろう！

◆ 意外に仕事がはかどる昼休み

　私は昼休みに仕事をすることが好きです。
　なぜなら、子どもたちのほとんどが外に遊びに行くので、教室内はとても静かになります。隣の教室も同様ですから、隣がうるさくて気になるということもありません。
　また、遠くから聞こえてくる、元気に遊ぶ子どもたちの声が心地良く、どんどん仕事がはかどります。
　そして、20分前後の時間は、集中するのにちょうどよい長さでもあり、5分程度のスキマ時間ではできない、ちょっとまとまった作業ができる時間でもあります。時間を効率的に使うことができたという満足感も味わえます。

◆ 子どもたちに見せられない仕事を済ませる

　帳簿や書類の中には、子どもたちに見せられないものもあります。
　例えば、テストやプリントの採点です。子どもたちは採点をしていても頓着せずに近づいてきて話しかけようとします。
　教室で採点をしていると、そのたびに、「テストの丸付けをしているから、来ないでね」と制する必要があります。
　ですから、子どもたちが外に出てしまって誰もいなくなった教室は、子どもたちに見せられない仕事を済ませる絶好の場所なのです。

ダンドリのSTEP!

❶ 昼休みの外遊びを奨励する
普段から休み時間は外に出て遊ぶことを奨励しておきます。

❷ 先生も外に出て一緒に遊ぶ日を決める
昼休みに子どもたちと遊ぶことも大切です。週に何日か、一緒に遊ぶ曜日を決めておきます。こうすることで、反対に昼休みに仕事をする曜日を確保することができます。

❸ 必ずクラスの子2人以上で遊ばせる
こういう約束をしておくと、けがをしたときにもう1人の子が助けたり知らせたりすることができます。

ONE-POINT-ADVICE!

教室で1人で仕事をしているときでも、ときどき校庭に目を向け、子どもたちの姿を確認しましょう。いざこざが起きたり、けがをしたりしたときに、迅速な対応ができます。

13 掲示を子どもに手伝ってもらう

ときには、子どもたちの手を借りたっていい

◆ 子どもたちは手伝いたがり

　図工の時間に子どもたちが描いた絵を、廊下に掲示することがあります。しかし、これを1人でやると結構な手間と時間がかかります。廊下に掲示する場合、絵を置いておく適当な場所さえありません。

　授業参観を明日に控えたある日、時間もないので子どもたちに、「誰か、廊下に絵を貼るのを手伝ってくれますか？」と声をかけてみました。

　すると、休み時間にもかかわらず、何人もの子がやってきてくれました。絵を持っていてくれる子、絵を貼る場所に押さえておいてくれる子、画鋲を出してくれる子など、作業を分担して手伝ってもらうことに。

　私は画鋲で貼る仕事だけをすればよく、あっという間に絵を掲示することができました。

◆ 役割を分担してお願いする

　子どもたちは基本的に先生の仕事を手伝いたいと思っています。ですから、子どもたちができる仕事はどんどん頼んでかまいません。そうすれば、こちらも助かるだけでなく、子どもたちも「先生の役に立てた」という満足感を得ることができるのです。

　なお、休み時間ですから、あくまで作業はボランティアです。ときには1、2名しか手伝ってくれないこともありますが、仕方がありません。無理に手伝わせたりはしないようにします。

ダンドリのSTEP!

❶ 事前に作業のお願いをしておく

休み時間は子どもたちにも予定があります。突然言われても手伝えないこともあるでしょう。朝のうちに、休み時間や昼休みに手伝ってほしいことを告げておきます。

❷ 役割分担をする

絵や作文など、たくさんのものを貼る場合や、手伝ってくれる子の人数が多い場合は、役割分担をします。絵を持つ人、絵を差し出す人、絵を押さえる人、画鋲を取る人、画鋲を渡す人、という具合です。こうすると子どもたちも満足します。

ONE-POINT-ADVICE!

何度かお手伝いをお願いすると、子どもたちも要領を覚えてどんどんスムーズになっていきます。高学年になると、掲示そのものをすべてお願いしても、上手にやってくれるようになります。

Part 3

給食を
スムーズに済ませる
ダンドリ術!

14 白衣や袋にはすべて同じ番号をつけておく

なくさないために、工夫して管理しよう！

◆ 白衣はどこへ消えた!?

　私が教師になった30年前は、子どもたちが給食の白衣をなくしてしまうということは一度もありませんでした。

　その頃は、給食の白衣の管理はすべて子ども任せで、それで何の問題もなかったのです。

　ところが、十数年前のことです。5年生のある男子が「先生、ぼくの白衣がありません」と帰りの会で報告に来ました。金曜日だったので、白衣を持ち帰るよう声をかけたのです。

　詳しく話を聞くと、「給食を配ったときにはちゃんとあったのに、今見たらなくなったいた」というのです。それも袋ごとそっくりなくなっているとのこと。

　クラスの子たちにも協力してもらってあちこち探したのですが、結局その子の白衣はいつまで経ってもどこからも出てきませんでした。

◆ 番号を書いて子どもたち自身に確認をさせる

　最近はよく「帽子がなくなりました」「帽子が2つ入っていました」「軍手（熱いものをつかむため）がありません」などの訴えがあります。

　そこで管理が不十分なため生じる手間をなくすために、白衣、帽子、軍手、袋にそれぞれ共通の番号をマジックで書いておくことにしました。子どもたち自身に番号を確認させることで、紛失はなくなりました。

ダンドリのSTEP!

❶ 番号を合わせることを子どもたちに知らせる
それぞれに番号が書いてあるので、着るとき、しまうときに番号を確かめるように話します。

❷ 番号を書く位置を教える
どの白衣も同じ場所に番号を書くように伝えます。胸の名札の位置が見やすくておすすめです。最初は教師が書くとよいでしょう。

❸ 持ち帰る日にもう一度確認させる
金曜日には、家で洗濯をしてもらうため、持ち帰らせます。持ち帰る前に、袋の中の物を全部出させ、番号が合っているか確認をさせます。

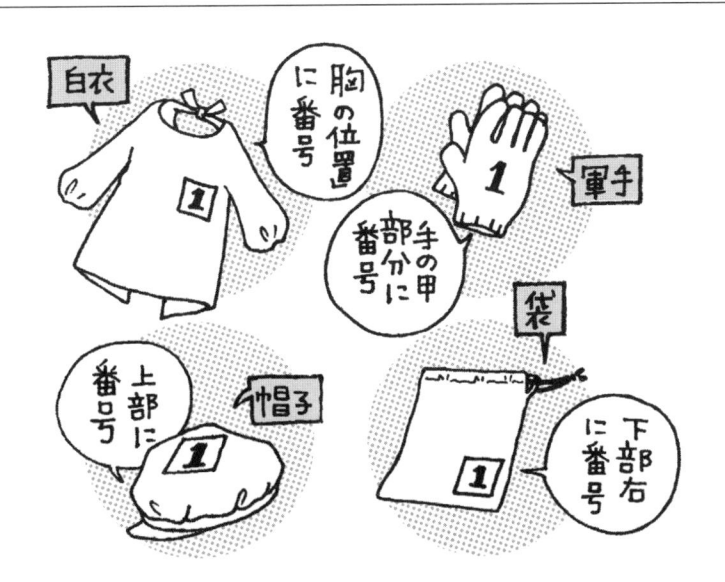

白衣　胸の位置に番号

軍手　手の甲部分に番号

帽子　上部に番号

袋　下部右に番号

ONE-POINT-ADVICE!

すでに番号がついている学校もあるでしょう。その場合でも、必ず「番号の文字が薄くなっていないか」「袋の中の物の番号がきちんと合っているか」を確認することが大事です。

15 給食当番は必要最少人数で

給食当番は役割分担を決め、スムーズに進めよう！

◆ 人数が多すぎてうまくいかなかった配膳

　３年生を担任したときのことです。
　給食のおぼんや食器や食缶を１人で運ぶのは大変だと思い、それぞれに２人ずつ割り当てたことがありました。
　確かに、おぼんや食器を運んで来るときには、２人で持つと安全に、スムーズに運ぶことができます。
　ところが、配膳の仕事は限られているため、全員が仕事につくために、本来１人で十分な仕事を２人でシェアすることになりました。
　例えば、「スープの入るお椀を取って、スープを入れて渡す」という作業は１人でもできます。
　しかし、それを「お椀を取って渡す子」「お椀を受け取ってスープを入れる子」「スープの入ったお椀を受け取っておぼんに乗せる子」というように３人で行うことになったのです。
　こうすると、狭い配膳スペースがごった返して、かえって効率が悪くなりました。仕事がなくて手持ちぶさたの子も出始めました。

◆ 配膳は１役１人で行う

　給食当番は、人数が多すぎると、かえって非効率で混乱が生じることがわかりました。そこで、１役１人を原則として、当番を組み直し、今度はあまり多くならないようにしました。

ダンドリのSTEP!

❶ 配膳の仕事を基本にして人数を決める
配膳の仕事は、パン・ご飯…1人、汁物…1人、主菜…1人、副菜…1人、牛乳…1人、デザート類…1人の6人いればだいたいは間に合いますので、6人の当番にします。

❷ 2人組で運び、必要ならば2回に分ける
1回で全部運ぼうとすると、人数が必要になりますが、2回運ぶことにすれば人数は少なくて済みます。

❸ 足りない場合は積極的に手伝うよう、声をかける
給食当番に欠席者がいたり、手が足りない場合は、積極的に手伝うように声をかけておきます。予備の白衣も毎週洗濯をしておきましょう。

一役一人！

スープ　主菜　副菜　パン

ONE-POINT-ADVICE!

牛乳やジャムやデザートは担当の子が配って回ることが多いと思いますが、当番の人数が足りない場合は、各グループの代表者が取りにいくようにしてもよいでしょう。

16 配膳は手伝わずに クラス全体を見守る

配膳中は、もしものトラブルに備えよう！

◆ 配膳を手伝っていると、クラス全体に目が届かない

　子どもたちに配膳の仕方を教えるために、実際に配膳を手伝っていたことがあります。

　低学年の子どもたちは、汁物の分量をうまく判断できません。事前におおよその目安を教えてもなかなか上手に配れないのです。そこで、汁物の配膳を手伝っていました。

　ところがある日、配膳の最中に子ども達がけんかを始めました。どのような理由でけんかになったのか、配膳をしていた私にはわかりません。配膳にかかりきりになっていて、子どもたちの様子を見ていないのですから当然です。

　そのときは、周りの子に聞いて何とか理由の見当をつけ、仲直りをさせました。ところが、その間、私の担当していた汁物の配膳が滞っていて、今度は配膳そのものがトラブルとなっていました。

◆ クラス全体を見たほうが、スムーズに進む

　このようなことが何度か起こり、私は配膳の手伝いをすることをやめました。配膳の手伝いをすると、クラス全体の様子を見渡すことができないのです。そこで、直接自分が盛りつけることはせず、まずは見本を示し、その後はときどきチェックするだけにします。そして、給食当番と待っている子の両方を見渡せるようにしました。

ダンドリのSTEP!

❶ 汁物やおかずの分量を時折チェックする

最初に適量を私が盛りつけて見本を示します。その後は配膳当番の子に任せますが、ときどき分量や盛り具合をチェックします。これで、だいたいうまくいきます。つまり見本を示し、点検を行うのです。

❷ 立ち位置を決める

基本的には、配膳の様子と学級の全体が見える位置を確保します。給食の配膳をしているときは常にその位置にいるようにします。教師がいつも同じ位置にいることで、子どもたちも何かの際にはすぐに先生を見つけることができます。

ONE-POINT-ADVICE!

配膳のときには、教師もきちんとエプロンをして三角巾をかぶり、マスクをします。服装を整えることは、指導の第一歩であると同時に、急に配膳が必要になったときにもすぐに対応できるからです。

17 待っている子どもには読書をさせよう

静かに落ちついて配膳を進める、ちょっとしたコツ！

◆ 騒がしいのが当たり前？

　若い頃に読んだ教育書に「給食の配膳は、私のクラスでも相当に騒がしい」というようなことが書いてありました。

　それを読んだ私は、「著書のある実践家でも給食の配膳は騒がしいのなら、仕方ないか」と独り合点して、騒がしい配膳を当たり前のように、むしろそれが当然であるかのように放っておいたのです。

　その結果、学校で決められた時間内に配膳が終わることはほとんどありませんでした。また、終始子どもたちが動いているのでホコリっぽく、しゃべり通しですから、唾も飛んで不衛生でした。

◆ 静かに待っているだけではもったいない

　そこで、両隣のクラスを見習って、配膳のときには席について姿勢をよくして待ち、日直が合格させたグループから給食を取りに行くようにしました。すると、次第に配膳の時間が静かになり、時間も短縮されました。

　さらに、配膳の時間をただ行儀よく座って待っているだけではもったいないと考え、読書をさせることにしました。時間にすると10分程度ですが、軽い本ならば1週間に1冊を読み切る子もいます。

　こうすることで、配膳の時間を静かにすごすことができるようになり、気分よく給食を食べることができました。

ダンドリのSTEP!

❶ 本を1冊用意させておく

本をいちいち探しに行かせると、かえって騒がしくなります。常に読むべき本を1冊手元に置いておくようにします。

❷ グループで1人配膳当番を決める

グループ内で当番を決め、当番がグループ全員の給食を取りに行くようにします。こうすることで、当番でない子は、読書に集中できるようになります。当番は日替わりとします。

❸ 早く食べ終わったら読書をさせる

早く食べ終わったら読書をしてもよいことにすると、比較的静かになります。

静か—…

ONE-POINT-ADVICE!

用意しておいた本を配膳中に読み終わってしまった場合も、学級文庫などを取りには行かせません。騒がしくなることがあるからです。その場合は教科書を読むように指示をします。

18 黙って食べる時間をつくる

完食できる子どもを増やすコツ！

◆ 1つのことに夢中になる子どもたち

　1年生に食べるのがとても遅い子がいました。「ごちそうさま」をする時刻になっても、いつもほとんど食べ終わっておらず、必ず残していました。普段はとても元気がよい子なので、食欲がないというわけではありません。

　不思議に思って、給食の時間にその子をよく観察してみました。すると、その子はパンを手にしては前の子に話しかけ、話が終わるとパンを置きます。おかずのお椀を持って、食べるのかと思うと、持ったまま周りの子に話しかけ、話し終えるとまたおかずを置いてしまいます。

　話に夢中になって食べるのを忘れてしまうのか、話したことで満足して食べたように気分になってしまうのか。

　いずれにせよ、しゃべっているために、食が進まないのです。

◆「いただきます」をして10分間は黙って食べさせる

　この子以外にも、話に夢中になって食べるのを忘れている子が何人かいました。そこで、クラス全員で黙って食べる時間（「もぐもぐタイム」）を設定してみました。

　すると、いつも話している子は相変わらずおしゃべりをしますが、周りの子がそれに応じないのを見て、だんだんとおしゃべりが減り、食べることに集中できるようになっていきました。

ダンドリのSTEP!

❶「食べてからおしゃべり」を指導する

「楽しくお話しながら食べられるといいと先生は思います。でも、おしゃべりも食べるのも、どちらもお口を使いますから、一緒にはできません。なので、おしゃべりが多いと食べるのが遅くなってしまう人がいます。給食をきちんと食べないと、元気が出ませんね。そこで、給食をきちんと食べて、その後おしゃべりも楽しめるように、『いただきます』をしてから最初の10分間は、お口は食べるだけにします。その後は、食べたり、おしゃべりをしたりしてもいいですよ」

❷食べ終わった子にはご褒美を

食べ終わることが目標なので、食べ終わった子にはご褒美シールをあげます。黙って食べる時間に食べることに集中する子がさらに増えてきます。

ONE-POINT-ADVICE!

黙って食べる時間帯に名前をつけ（もぐもぐタイム、かみかみタイムなど）、大きな文字で書いてパウチし、その時間内は黒板に貼るようにすると、子どもたちも意識して黙って食べられます。

19 一体型給食時計で テキパキ食事を済ませる

給食のペースを簡単につかめる、ちょっとした工夫！

◆給食時間全体を意識できるようにする

　前項で、おしゃべりに夢中になってしまう子どもにきちんと食べさせるために、「もぐもぐタイム」を設定したことを紹介しました。

　もぐもぐタイムを設けたことで、「おしゃべりは食べ終わってから」ということは子どもたちに浸透しました。

　次のステップは、子どもたちが給食時間全体を自分たちで意識して行動できるようにすることです。

◆ 給食時計をわかりやすく表示して意識させる

　給食時間は、配膳の準備から食事、片づけ、はみがきまでを含めて通常45分程度です。

　この時間をわかりやすく表示した給食時計は、多くの学校で活用していると思います。この給食時計をさらに見やすく工夫することで、食べることをより意識させることができます。

　その方法は簡単です。給食時計を本物の時計の外枠として作り、一体化させるのです。

　時間配分と現在の時刻が一目でわかるので、子どもたちは準備からはみがきまでのペースをつかむことができます。食べ切れる子が増えるのはもちろん、スムーズにはみがきまでを終え、ゆとりを持って昼休みに入ることができます。

ダンドリのSTEP!

❶ 給食時計を本物の時計の外枠として作る
- 教室の時計よりも一回り大きいスチレンボードを用意する
- スチレンボードの中心に時計の直径より5mm大きい円を描き、カッターで切り抜いて穴を開ける
- 穴の周りに、時計と同じくメモリをつけ、配膳、もぐもぐタイム、おかわりタイム、片づけなど、給食の進め方に沿って区切り、色分けした文字を書き込んだ画用紙を貼る
- 時計の外枠にはめ込む

❷ 時計の短針を見ながら、子どもに時間を伝える
「もぐもぐタイムが終わるまでは、みんな静かに食べようね」

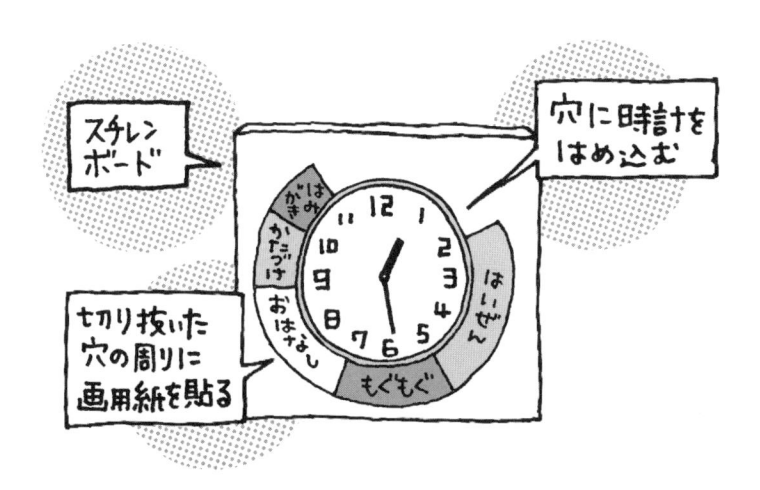

ONE-POINT-ADVICE!

　教室の時計の外枠にはめ込むと、常時給食時計が掲示されることになります。それが煩わしい場合は、壁掛け時計を別に準備し、給食の時間になったら、前面に下げるとよいでしょう。

20 給食中に明日の連絡を済ませておく

給食の時間は、もっと有効活用できる！

◆ 帰りの会が早く終わる学級

　教師になって数年目の頃のことです。
　私の学級がまだ帰りの会の最中なのに、隣の学級からは、ほとんどいつも「さようなら」の声が響いてきました。
　それだけなら、さほど気にならないのですが、私の学級の子たちと一緒に帰るために、隣の学級の子どもたちがいつも廊下で待っているのが気になりました。
　どうしてそんなに早く帰りの会が終わるのだろう？
　ある日、隣の学級の担任の先生にその理由を聞いてみました。すると、答えはとても簡単でした。「連絡は給食の時間に済ませてるから、帰りの会はあまりすることがない」というのです。
　「給食の時間は給食の時間」と堅く考えていた当時の私には、驚くような答えでした。

◆ 給食の時間にできることを意識する

　給食の時間は、「食に関する指導」を実地に行うことのできる大事な時間です。望ましい食習慣や栄養に関する指導の一環として、食べ切るように指導したり、嫌いな物でも食べられるよう励ましたりすることも必要になります。そこで、そのような指導をした上で給食の時間を有効活用できるよう考えてみました。

ダンドリのSTEP!

❶「黙って静かに食べる時間」を設定する

すでに述べたとおり、「もぐもぐタイム」として、ある程度の分量を落ち着いて食べられるよう、食べることに集中する時間を決めます。黙って食べているので、連絡をすることができます。

❷明日の連絡は小黒板に書く

食事中に口頭で明日の連絡を伝えたうえで、小黒板にも同じ内容を書いておきます。小黒板を使うことで、給食が終わって、5時間目の授業のときには外しておき、帰りの会でもう一度掲示することができます。この方法にしてから、帰りの会にゆとりが生まれました。ことさら早くしようと思わなくても、隣の学級と帰る時刻に大きな差はなくなりました。

ONE-POINT-ADVICE!

特別な連絡のない日には、先生自身の給食を食べる時間を調整して、本の読み聞かせをしたり、子どもたちの作文や日記を読んであげてもよいと思います。

21 おかわりは担任主導で

混乱がなく、公平に配るために！

◆ 残り物争奪戦

4年生を担任していたときのことです。

給食のおかわりは子どもたちに任せていました。ルールは「食べ終わった人から自由におかわりをする」というもの。

給食にミートパイが出たある日、欠席の子がいたため、ミートパイが1つ残っていました。

事件は、日直の「いただきます」のあいさつで食べ始めた直後に起こりました。

1人の「給食大好き」男子が、猛然と給食を口にかき込み始めたのです。そして、ものの3分くらいで完食。

残り物のミートパイ欲しさからの行動でした。この後、ミートパイが欲しかった他の子から激しいクレームがあり、トラブル発生。

私はこの後、おかわりを子どもたちに任せるのをやめ、自分で仕切ることにしました。

◆ 公平に分けることに最も留意する

給食は公平に分けることが最も大事です。

「公平」とは、全員同じ分量ということではありません。その子の食べる量に対して十分な量ということです。ですから、通常の1人分を食べ切れない子どもには、あらかじめ分量を減らす配慮もときには必要です。

ダンドリのSTEP!

❶ 配膳の際に、食べる量を自己申告させる

数物以外は、「多め」「普通」「少なめ」と申告させ、数物は減らしたい子には少なくした数を申告させます。

❷ 残っている物を子どもたちに知らせる

「いただきます」をしてから残り物を確認し、「豚汁が5人分」「ししゃもフライが7本」という具合に知らせます。

❸ 1人1品を原則におかわりをしたい人を募る

希望者多数の場合は、数物はじゃんけんです。負けた場合は数物以外に回ることができます。数物以外は、希望者で均等になるように教師が配ります。さらに残っている場合に限り、減らした子でもう少し食べたい子、2度目のおかわりを希望する子を募ります。

ONE-POINT-ADVICE!

数物でも、割ったり裂いたりできる物は、希望者同士が納得すれば半分や3分の1にするとよいでしょう。担任が出張などで不在でも、日直や給食当番に同じように仕切らせればうまくいきます。

22 アレルギーチェックは何度も確実に

きめ細かな対応で、トラブルを未然に防ごう！

◆ 増えているアレルギーの子どもたち

　私が教員になった30年前は、給食でアレルギーを起こすということが話題になることはほとんどありませんでした。

　しかし、今はどの学校にも食物アレルギーの子がいます。そして、その数は年々増えているようです。

　学級に食物アレルギーを持つ子どもがいる場合には、対応メニューのチェックは何度も確実に行う必要があります。

　たとえ、そこにひと手間もふた手間もかかったとしても、トラブルを未然に防ぐためには、欠かせない手間です。

◆ 学級担任としてするべきことをチェックしておく

　今や、アレルギー対応はどの学校でもかなり力を入れて行っていると思います。

　学校、調理員、栄養士、養護教諭、学級担任、他の職員、保護者、本人とそれぞれがするべきことを確実に行うことが大切です。

　とりわけ学級担任は、アレルギーの子とアレルゲンとの接触を水際で防ぐ重要な立場です。

　担任として日常的にするべきこと、何かあったときにすべきことをきちんと把握し、確実に実行しましょう。

ダンドリのSTEP!

❶ 保護者と面談を行う

アレルゲンは何か、摂取した場合の症状、症状が出た場合の処置、給食の対応、宿泊学習や修学旅行での留意点などについて話し合います。記録は確実に取り、次年度の担任に引き継ぎます。

❷ 面談内容を関係職員に伝える

校長・教頭・栄養教諭・養護教諭・調理主任等に伝えます。学校としての方針や対処方を具体的に確認します。

❸ 対処法や処置具の保管場所を明確にする

もしアレルギー症状が出てしまった場合の対処法を決めておきます。

❹ 学級の他の児童に説明する

食物アレルギーそのものについても説明をするとよいでしょう。食べられない食品があることや、特別な給食になることがあることなどを、年齢に応じて説明します。症状や対応などには触れません。

❺ 給食の時間での具体的な注意点について確認する

本人と担任とで毎日チェックすること。同じグループの子は食品のやりとりは絶対にしないこと。おかわりをする際には、担任に必ず声をかけ、2人で確認すること、などです。

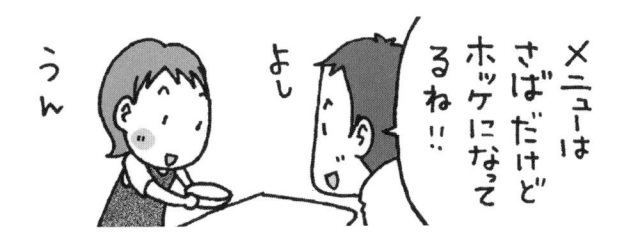

ONE-POINT-ADVICE!

食物アレルギーも個性の1つとして尊重していこうとする雰囲気を、学級内に作り出すことが重要です。アレルギーのある児童が寂しい思いをしないよう配慮しましょう。

Part 4

清掃・帰りの会を
テキパキ行う
ダンドリ術！

23 清掃の仕方をきちんと教えておく

ほうき・ちり取り・雑巾の使い方は、丁寧に教えておこう

◆ ほうきが使えない子どもたち

　教室を清掃していた６年生を見て驚きました。
　ほうきで床のゴミを一生懸命に掃いているのですが、かなり大きく振り回しています。その姿は、まるでゴルフのスイング。ゴミを掃くというよりも、ゴミを掃き散らかしているような感じです。
　さらに、１か所のゴミを掃き始めると、そのゴミだけを掃き続けて、集めている場所まで掃き進み、また別のところのゴミを掃き集めるという具合で、かなり無駄の多い動きです。ちり取りもうまく扱えず、ゴミもうまく取れません。

◆ 道具の使い方、清掃の仕方を教える

　ほうきを使わない家庭が多い今、子どもたちがほうきの使い方を覚える機会はありません。
　上手に使わせるには、教室できちんと使い方や清掃の仕方を教える必要があります。
　そこで、清掃当番の子はもちろんですが、誰もがほうきを使う機会があるでしょうから、学級の子どもたち全員に教えることにしました。
　ほうきだけでなく、ちり取りの使い方、雑巾の使い方なども、基本から丁寧に教えておくことで、毎日の清掃がスムーズにできるようになります。

ダンドリのSTEP!

❶ ほうきの持ち方、使い方を教える
持ち方……教室によく備えてある座敷ぼうきの穂先は、よく見ると長短があります。短い方が手前になるように持ちます。

掃き方……ゴミが遠くまで移動しないように、穂先が体の正面を過ぎた程度の位置で、スピードをゆるめたり止めたりします。

集め方……同心円をだんだんと小さくするような感じで、まんべんなくゴミを中心に集めるように掃きます。

❷ ちり取りの使い方を教える
ちり取りは、ゴミをほうきで掃き入れながら、少しずつ後ろ側に動かします。こうすると、小さいゴミまで掃き入れやすくなります。

❸ 雑巾の使い方を教える
かけ方……ひざをつけずに、しっかり前を見てかけます。前を見ないとぶつかることがあり、危険です。

絞り方……剣道の竹刀を持つように持って内側に絞ります。

ONE-POINT-ADVICE!

ほうきの穂先が曲がってきたら、バケツの水に一晩つけ、真っ直ぐに直して、ぶら下げて乾かすとある程度直ります。あまりにも曲がりがひどい場合は、曲がった部分をはさみで切り落とします。

24 昼休みに床を掃かせておく

清掃を短時間で済ませるための、ちょっとした工夫

◆ ゴミを掃いているだけで時間が経ってしまう

　教室の清掃は、どの学校でも概ね次の手順で行っていると思います。
　1．床を掃く
　2．床を雑巾がけする
　3．机を反対側に寄せる
　4．床を掃く
　5．床を雑巾がけする
　6．机をもどす

　作業はまず床のゴミを掃くことから始まります。床のゴミを掃かないと、次の作業ができません。ところが、床を掃く作業にかなりの時間がかかります。清掃当番が交代したばかりの慣れない時期は、清掃時間の約半分を要する場合もあります。

　これでは、その後の作業の時間が短くなり、十分な清掃ができなくなってしまいます。

◆ 清掃が始まる前に床を掃いておく

　清掃が始まってから床を掃き始めたのでは時間が足りません。そこで、その前にあらかじめ床だけでも掃いておくことにしました。

　幸い、勤務校の日課は昼休みの後に清掃があります。そこで昼休みの時間を使って、子どもたちに少しだけ協力してもらいました。

ダンドリのSTEP!

❶ 昼休み清掃の理由を説明する
床を掃くのに時間がかかり、十分な清掃ができないこと、教室がきれいにならないことを説明し、協力を求めます。

❷ 昼休み前に机を寄せる際、なるべく詰めてもらう
詰めて寄せると、スペースが広く空いて、あらかじめ掃いておく面積が多くなります。

❸ 目立つゴミを3つ拾ってから昼休みに入ってもらう
これだけでも、かなりきれいになります。

❹ 日直に床を掃いてもらう
このとき、机の列と列の間のスペースは掃けるところまで掃いてもらいます。時間にして5分程度です。

ONE-POINT-ADVICE!

特別な用事がなければ、担任も一緒に床を掃きます。大人が掃くときれいになりますし、きれいに掃く手本を見せることも大事な指導です。

25 清掃中は無言で取り組ませる

おしゃべりせずに、集中して手早く済ませよう！

◆ 清掃に集中しない原因はおしゃべりにあった

　ある清掃場所を担当しているときに、とてもよくしゃべる子が配属されたことがありました。しかも2人です。

　清掃は一応はするものの、途中で必ず手が止まります。何をしているのかというと、2人で他愛のないことをしゃべっているのです。

　きちんと清掃をするように班長も私も声をかけるのですが、またしばらくすると、おしゃべり再開。当然、清掃はスムーズに進みません。

　ところがある日、1人の子が欠席しました。すると、どうでしょう。今までのおしゃべりが嘘のようになくなり、清掃がどんどんはかどります。

　清掃がはかどらない原因はおしゃべりにありました。そして、おしゃべりは、「2人いるから」始まるのです。

◆ おしゃべりをなくす工夫をして無言清掃をする

　これを機に、おしゃべりのない清掃を目指すことにしました。

　ついおしゃべりをしてしまう子は、相手がいるからしゃべってしまうのです。1人で清掃をすれば、おしゃべりも少なくなります。

　無言で取り組むと、集中して、短時間できれいになります。また、教師にとっても、注意の回数も減り、心穏やかになります。

ダンドリのSTEP!

❶ 清掃箇所を決め、交錯しないようにする

ついおしゃべりをしてしまう2人の清掃箇所を分けます。1人を廊下担当、もう1人は教室担当に。教室担当の子には特に校庭側の窓の清掃をお願いします。

❷ 清掃内容を具体的に決めておく

子どもたちは、することがないと遊び始めます。廊下の床を2回拭き、それが終わったら壁を拭き、その後窓を拭き、という具合に、やるべきことをきちんと決めておきます。

ONE-POINT-ADVICE!

習慣化するまでは、教師は2人の導線が交錯しそうな場所に立ち、両方に目を配ります。おしゃべりの好きな子たちは、ついお互いに引き寄せられます。それを断ち切るのは先生の役目です。

26 帰りの会の自己満足な連絡はやめる

帰りの会も、内容を絞って手短かに済ませよう！

📝 帰りの会での連絡内容を吟味してみる

　帰りの会に「係からの連絡」というプログラムがありました。
　司会の日直が「係からの連絡はありませんか」と聞くと、何人かの手がさっと挙がり、話し始めます。
「音楽係からの連絡です。朝の会で歌うときにはふざけないでちゃんと歌ってください」
「図書係からの連絡です。学級文庫の本をたくさん借りてください」
「体育係からの連絡です。…」
　以前は、これを子どもたちの自主的な活動だと考えて、満足して見ていました。しかし、これらはよく考えると、重要度は高くありません。時間をムダに使っているとも言えます。実はこのような重要度の高くない言葉は、教師の言葉にもあります。
「土曜、日曜と連休ですね。風邪をひかないように十分注意して、月曜日に休まないようにしましょう」などです。
　こうした内容は、省いても差し支えありません。

📝 ムダな連絡をやめて、帰りの会を早く終える

　帰りの会が早く終われば、子どもたちもゆとりをもって下校できます。また、わずか数分ですが、ちょっと身辺の整理をしたり、個別の連絡が必要な子に話したりする時間を生み出すことができます。

ダンドリのSTEP!

❶係からの連絡は掲示板に書かせる
係の子に、事前に皆に伝えておくべきことは、掲示板に書いておくように伝えます。細かい内容のときのみ、口頭で補足説明させます。

❷教師の連絡は、本当に意味があるか吟味してから話す
言っても言わなくても、どちらでもよいことは話す必要はありません。本当に必要なことのみ、端的に伝えます。

ONE-POINT-ADVICE!

言っても言わなくてもどちらでもいいことをいつも話していると、子どもたちは話を聞かなくなります。本当に必要なことを端的に話すということは、よく聞く子を育てるためにも大切なことです。

27 帰りの会の魔法の言葉で気分よく下校させよう

下校中の予期せぬトラブルを回避するために！

◆ トラブルは下校中にも多い

　帰りの会の前に、ロッカーが隣同士の男子２人が、ランドセルを取り出すときにぶつかったことからふざけっこを始め、それが高じて本気のけんかに発展してしまいました。
　そこで、帰りの会の前に２人を呼んで理由を聞き、注意しました。「ランドセルを取り出すときには、周りを見てぶつからないように取り出すこと」「わざとぶつけたんじゃないんだから、やり返したりしないこと」大きくは、この２つです。
　ところが、これがよくありませんでした。お互いに納得すればよかったのですが、互いに相手が悪いと思ったまま下校してしまったのです。
　しかも２人は同じ方面に帰る子で、下校途中の路上でけんかが再開。近所の方が止めに入り、学校に電話で連絡をしてくれました。その後、２人の保護者に電話をしたり、止めてくれた方にお礼を伝えたり、翌日２人を呼んで事情を聞いたり、かなりの手間がかかりました。

◆「ありがとう」を伝えて気分よく１日を終える

　予期せぬ下校中のトラブルを回避するためにも、学校での１日の終わりは、できるだけ気分よく子どもたちを帰らせたいものです。先生が明るい気持ちで語りかければ、子どもたちも明るい気持ちになります。１日の終わりに「ありがとう」を伝えてみましょう。

ダンドリのSTEP!

❶ 魔法の言葉を考える

「今日も学校に来てくれてありがとう。みんなが学校に来てくれたので、先生はとてもうれしいよ。勉強も予定通りできたしね。明日もまた学校に来てね」

❷ 魔法の言葉を練習する

よどみなく言えるように、心の中で何度か繰り返してシミュレーションをしておきます。

❸ 1人ひとりに声をかける

クラス全体に話すだけでなく、時には子どもたちの間を歩いて1人ひとりに声をかけてもいいでしょう。低学年の子なら握手をするとより気持ちが伝わります。

> 今日も みんなが元気に学校に来てくれてとってもうれしいよ!!

ONE-POINT-ADVICE!

毎日話しているとマンネリ感が出てきますが、それでも毎日新鮮な気持ちで話せるよう努力してみるといいと思います。ときには、グータッチをしながら1人ひとりに声をかけてみてもよいでしょう。

PART 4 清掃・帰りの会

28 配付物には名前を書かせよう

「これ、誰の？」と探す手間を、未然に防ぐ！

すぐにプリントをなくす子どもたち

　授業参観のお知らせのプリントを配ったときです。
　全員に配り終えてふと床を見ると、もうプリントが1枚落ちています。近くの子に、「これ落としてない？」と聞いても、答える子はいません。
　大事なプリントなので、全員が持っているかどうか、確かめる必要があります。
「授業参観のお知らせのプリントを、机の上に出してください」と指示し、そこでやっと持っていない子がわかりました。
　配付したプリントをすぐに落としてしまう子は、プリントを落とした自覚がありませんから、落ちていると教えてもらっても、自分のことだとは思わないのです。

プリントにはすぐに名前を書かせれば手間いらず

　子どもたちに配るプリントは、保護者の方への大切な連絡事項が書かれたものもあるため、きちんと管理させる必要があります。そこで、配付したプリントに必ずその場で名前を書かせることがおすすめです。一見、面倒そうですが、慣れれば何でもありません。名前を書かせることで、プリントが落ちていてもすぐに持ち主に戻り、声をかけて探す手間が省けます。何度も声をかけて持ち主（落とし主）を探す手間を考えると、この方がずっと楽です。

ダンドリのSTEP!

❶ 理由を説明する
　子どもたちに、プリントが落ちていることがあり、家庭に確実に届かないと困るので、名前を書いてほしいと説明します。

❷ 名前を書く位置を決める
　書きやすいように、テストと同じく右上に書かせます。

❸ 配る度に声をかける
　プリントを配る度に「右上に名前を書いてください」と必ず声をかけるようにします。そのうち、子どもたちが自然と名前を書くようになります。

ONE-POINT-ADVICE!

　名前はフルネームでなくても、本人が確認できれば大丈夫です。出席番号でもいいのですが、いったん名前と照合させる手間が必要ですので、名前が一番よいでしょう。

Part 5

放課後に
事務処理を進める
ダンドリ術！

29 ToDoリストは具体的に書く

溜まった仕事を処理するためには、リストの作り方も大切！

◆ 仕事のリストはあってもやる気が出ない

　仕事を効率的に進めるためには、ToDoリストを作ることが必要だとよく言われます。

　確かにリストを作れば、仕事のダンドリはしやすくなります。しかし、リストを作っただけで仕事が進むとは限りません。リストを眺めるだけで、なかなか取りかかれないことも多いのではないでしょうか。

　その大きな理由の1つが、「最初の一歩を踏み出せない」ということです。目の前には、やるべき仕事のリストがある。やらなければならないことはわかっているのに、なかなかその仕事を始めることができない。皆さんにも、身に覚えがあるのではないでしょうか。

◆ リストの項目名を工夫すれば、取りかかりやすくなる

　ToDoリストは、抱えている仕事の数を確認するためのものではなく、実際の行動に落とし込むためのものです。そこで、リストを作る際には、リストの項目名を工夫することをおすすめします。

　ポイントは、仕事のイメージをつかみやすい項目名にすること。また、1つの仕事をいくつかに分けて、「全部」ではなく、「部分」にすることです。なぜなら、仕事のイメージがつかみやすいと、取りかかりやすくなるからです。また、「全部」だと大きすぎて、作業を始める前にひるんでしまうからです。

ダンドリのSTEP!

❶ 何をするかをより具体的に書く

「国語の指導案を作る」ではなく、「国語指導案『海の命』の目標部分を書く」のように、具体化します。「国語の指導案を作る」では曖昧で、仕事のイメージがつかみにくいのです。

❷ 仕事を部分に分ける

上記の「国語指導案『海の命』の目標部分を書く」は、国語指導案の一部です。「全部を書かなければならない」と思うと大変さが先に立ちますが、この部分だけならばやろうかなという気になります。
もちろん、結局は全部を作ることになりますがリストを少しずつ消化していく達成感が、次の仕事のモチベーションを高めるのです。

ONE-POINT-ADVICE!

取りかかりへの抵抗を減らすための他の方法として、「2、3分やってみる」と決めて始める方法があります。うまく進みそうであれば続け、詰まってしまうようであれば、別の仕事をします。

30 昨年度のフォルダを「ToDoリスト」にする

前の年に作った文書を活用して、効率的にリストを作ろう！

◆ 作成する文書は毎年ほぼ同じ時期に作成される

　教師の仕事では、日常的にPCを使って文書を作成します。この文書を皆さんはどのように整理しているでしょうか。

　私は、文書フォルダを時間軸で作成しています。

　具体的には、その月に作成した文書をまとめて「〇〇年〇〇月」というフォルダに入れます。

　そして、ToDoリストを作る際は、まず初めにこのフォルダを参照して、そこから、作成しなければならない文書を見つけます。

　それらの文書を改めてながめてみると、どの年も多少の違いはあっても、同じ文書を同じ時期に作成していることがわかります。

　例えば、学級目標や掲示物の項目名、遠足実施計画などは、子どもの人数に応じて形式を変えたり、期日や方面を変えたりする必要はありますが、だいたい毎年同じ時期に同じような内容を作成しているのです。

　ということは、昨年作った文書やプリントは今年も作る可能性がかなり高いということになります。

◆ 昨年翌月のフォルダをコピーして「ToDoリスト」に

　そこである年から、昨年翌月のフォルダをコピーしてそのまま「ToDoリスト」の代わりに使ってみました。すると、これがかなり使いやすいことがわかったのです。

ダンドリのSTEP!

❶ フォルダを時間軸で作る
昨年度のフォルダを時間軸で作ってあることが前提です。カテゴリー別だと、かえって面倒です。

❷ 翌月のフォルダを丸ごとコピーし名前をつけ替える
名前は何でもかまいません。ずばり「ToDo」でもよいでしょう。私は「これからの仕事」とつけています。

❸ 新しい文書を作ったら、古いファイルは削除する
どうせ作るのですから、時間があるときにどんどん作ります。名前をつけ替えて新しいフォルダに保存。古いファイルは削除します。

ONE-POINT-ADVICE!

完全にToDoリスト化するには、新規の仕事も名前を付けてファイルを作成します（中身は白紙でOK）。フォルダを開くと、ファイル一覧がそのままToDoリストになります。

31 時と場合によって やりやすい仕事を分ける

話し声が気になる環境でも、やれる仕事はある!

◆ 職員室は休憩の場、情報交換の場でもある

職員室で行事の計画の文書を作っていたときのこと。

体育館に全校児童を配置するため、人数を細かく計算して合わせる必要があり、かなり面倒な作業でした。

ところが、職員室は前日のテレビ番組の話題から、それに関連した子どもたちの話題で盛り上がっていました。もちろん、職員室にも息抜きが必要ですから、そのような話が悪いというわけではありません。

しかし、細かな人数合わせで頭を使っているときに、声高に関係のない話が耳に入ってくると、どうしても気になります。

◆ 声が気になるときは、手を動かす仕事をする

このように、職員室は場合によっては騒々しいことさえあり、集中して仕事に取り組むための最適な場所ではありません。しかし、職員同士が歩調を合わせて教育活動に当たるために、そこで同じ時間を過ごすことは重要なことです。

職員室での仕事の時間を有効に使うためには、少々の話し声は気にならないような、手を動かす仕事をするとよいでしょう。

そのために、あらかじめ時と場合によってやりやすい仕事を分けるように心がけておくと、環境を問わず仕事を進めていくことができます。

ダンドリのSTEP!

❶ 頭を使う仕事と手を使う仕事に分ける

仕事を「考える段階の仕事」とそれを「仕上げる段階の仕事」に細分化します。例えば行事の計画ならば、細かい人数を計算するような仕事は前者、それをワープロできれいに仕上げる仕事は後者です。

❷ 職員室では手を使う仕事をする

職員室で手を使う仕事をすれば、多少の騒々しさはあまり気にならなくなります。話に加わりながら仕事を進めることもできます。
次のような仕事をしてもよいでしょう。

1. 名簿作成、得点集計などの単純なデータ入力
2. テストの採点、ノートの点検などの短い単純作業
3. 紙折り、プリントの丁合、製本などの手作業

ONE-POINT-ADVICE!

職員室で、あまりに頻繁に大きな声で話している先生がいる場合は、慢性的に職員室の執務能力を低下させていると考えられます。管理職の先生に相談してみるとよいでしょう。

32 1週間分の仕事の記録をとってみる

自分が使える時間、効率がよい時間を把握しよう！

◆ 時間の家計簿をつける

　誰でも家計簿や小遣い帳をつけたことがあると思います。
　どうして、家計簿や小遣い帳が必要なのでしょうか。
　それは、お金が大変に貴重なものであると同時に、きちんと管理しなければ上手に活用することができないからでしょう。
「時は金なり」と言うように、時間もお金と同様にとても貴重なものです。ですから、時間も大切に管理して上手に活用することが必要です。
　しかし、お金が労働の代償として手に入るのに対して、時間は、誰にでも労せずして1日24時間が与えられています。
　タダで手に入るため、どうしても大切さを見失いがちです。その結果、時間をムダに使い、後で後悔することになります。
　そこで、時間もお金と同様に家計簿や小遣い帳をつけて管理することが必要になります。

◆ 1日の行動記録を1週間分つける

「いつも帰りが遅い」「今日やるはずの仕事が進まなかった」「家に仕事を持ち帰っている」──。どれか1つでも当てはまるとしたら、まずは1日の行動記録をつけ、仕事がはかどる時間帯を把握しましょう。
　多忙感を抱えている教師は、時間管理をあまり意識しない人がほとんどです。時間の使い方を見直して、効率を上げましょう。

ダンドリのSTEP!

❶ 記録表を準備する
子どもの頃、夏休み前に作った日課表のようなものでOKです。

❷ 1日の記録を1週間分つける
行った仕事の内容とともに、仕事の効率を、A（＝かなり進んだ）、B（＝普通に進んだ）、C（＝進みが悪かった）の記号で記入します。

❸ 記録を分析する
1週間分をながめると、ムダな時間が見えてきます。もっと重要なのは、仕事が進んだ時間帯を探すことです。Aの集中している時間帯に効率的に仕事をすることです。

	月	火	水	木	金
5	メールチェック B			メールチェック C	
	教材研究 C	メールチェック B	メールチェック B	教材研究 C	メールチェック B
6	プリント作り B	教材研究 C	プリント作り A	プリント作り A	学年便り B
7					
～					
18	読書 B	読書 B	メールチェック A	読書 A	メールチェック A
19					
20			メールチェック B		
21	教材研究 B	教材研究 A	学級便り A	プリント作り A	教材研究 A
	読書 A	プリント作り B			
22				読書 A	読書 A
23					

ONE-POINT-ADVICE!

記録をとると、朝型だと思っていたら実は夜型だったとか、細切れに仕事をしているとか、自分の仕事のスタイルがわかります。スタイルにあった仕事をすることが効率化につながります。

33 職員室に行く時刻をあらかじめ決めておく

同僚との打ち合わせをきちんと行うことも、ダンドリの1つ

◆ 打ち合わせができないと進まない仕事もある

　ある学校で学年主任をしていた頃の話です。

　学年主任といっても、自分の担任学級もあります。つい学級経営に夢中になり、放課後の教室でずっと仕事をして、いつもかなり遅い時刻になってから職員室に戻っていました。

　あるとき、一緒に学年を組んでいた先生が管理職と話している声が、偶然耳に入ったことがありました。

　「山中先生は、いつも教室にいてなかなか職員室に戻ってこないので、話したくても話せないことがある」という軽い感じの訴えでした。

　軽い口調だったとはいえ、その先生に不便をかけていたということと、そのことに気づくことができなかったということを、二重に反省しました。翌日から、早めに職員室に行くようにしたことは言うまでもありません。

◆ いつ職員室に戻るかを伝える

　反対に、他の学校に勤務していたとき、学年の打ち合わせをしておきたいと思っても、学年の先生がそろっておらず、なかなか仕事が進まないということもありました。

　同じ学年の先生とうまく連携していくためには、申し合わせて、職員室に戻る時刻を決めておくようにするとよいでしょう。

ダンドリのSTEP!

❶ 都合のよい時刻を相談して決める

「昼休み終了の10分前」などと決めますが、子どもが学校にいる間はなかなか集まれないことも事実です。「退勤時刻10分前」などとした方が集まりやすいでしょう。

❷ その時刻に行う相談事項をあらかじめ決めておく

集まったらすぐに相談したり、確認をしたりすることができるよう、内容を事前に決めておくと時間を有効に使うことができます。学年の子どもたちの情報交換も行うことができます。

> よし‼ そろそろ職員室に行くか‼

ONE-POINT-ADVICE!

集合時刻をうっかり忘れることもあります。使用に問題がなければ、携帯電話などのタイマーをバイブレーターにしてセットしておくとよいでしょう。

34 1人だけで考えず、すぐに聞く

抱え込まずに、周りの助けを借りよう！

◆ 完璧を目指すと非能率的になる

　若い頃の私は、仕事はすべて自分1人で完結させようとしていました。「自分が満足するように仕事をしたい」という気持ちが強かったのはもちろんですが、「人に聞く」ということが、どこか半人前のような気がして、できなかったのです。

　その結果、いつも2つの問題点を抱えていました。

　1つは、仕事が自己満足で独りよがりになりがちだったということ。

　もう1つは、仕事を終えるのにかなりの時間がかかったということです。

　何しろ、プリント1枚を作るのに、前任者にお願いしてデータをもらえば済むところを、細部まで自分で作ろうと思って、1から作り直していたのです。

　よく考えれば、大きな時間のムダでした。

◆ すぐに人に聞けるよう準備をしておく

　仕事の早い人にはいくつか特徴があります。今までのもので使えるものはどんどん使うということ。よく知っている人、上手にできる人にどんどん聞くということ。不完全なものでも途中で見せて意見をもらう、ということです。

　つまり、「人を頼る」ということです。人を頼るために、日頃から次のようなことを心がけるとよいでしょう。

ダンドリのSTEP！

❶ 前任者が誰かを調べておく
前年度の校務分掌表などを見れば、すぐにわかります。

❷ 事前に意見を聞く人、報告すべき人をリストアップする
その分野について詳しい人は誰か、校務分掌上の責任者は誰か、どのタイミングで管理職に相談するか、などを事前に決めておきます。

❸ 日頃から自分の得意分野で仕事を手伝う
困ったときはお互いさま。日頃から手伝っていれば、周囲の先生も快く手伝ってくれます。

ONE-POINT-ADVICE!

作成した文書データは一括管理している学校が多いと思います。自分の校務分掌が決まったら、データが保存してあるファイルのショートカットを作り、デスクトップに貼り付けておくと便利です。

35 資料と文具は持ち歩くと便利

探し物の手間と時間を節約すれば、仕事はもっとはかどる！

◆ 文具や資料を探す時間は意外にかかる

　教室で算数のプリントを作ろうとしたときのこと。三角定規を使って図形を描こうとしたのですが、近くに見あたりません。

　引き出しを全部開けて探しても見つからない。子どもたちの落とし物にあったら借りようと思ったものの……それもない！

　結局、職員室まで取りに戻ることに。教室から職員室までが遠く、大きな時間のムダとなった──。こんな経験はありませんか？

　いつでもどこでも、すぐに仕事に取りかかることができれば、時間を有効に使うことができます。しかし、せっかく時間があっても、必要な道具が手元になければ仕事をすることができません。

◆ いつも使うものは常に持ち運ぶ

　三角定規に限らず、教師にとって欠かせない、頻繁に使う道具はたくさんあります。鉛筆やボールペンはもちろん、筆ペン、消しゴム、砂消しゴム、定規（長短）、三角定規、カッター、はさみ、のり、テープ、修正液、付箋紙、辞書、ホチキス、輪ゴム、クリップ、ノートなど。

　これらをいつでも手元にある状態にしておくと、どこでも必要な文具を使って仕事をすることができます。

　そこで、文具や資料は、いつでも持ち運べるようにしておくとよいでしょう。

ダンドリのSTEP!

❶ 持ち運びやすい入れ物を準備する

私は100円ショップでかご（スーパーによくある買い物かごの小さい形のもの）を購入しました。買い物かごの形にした理由は、固く丈夫に作られており、文具の収納位置がずれず、見つけやすいからです。

❷ 小分けする箱や小物入れなどを用意する

文具をそのままかごに入れると、乱雑になってしまいます。そこで、小さい箱を複数入れて、仕切ります。

ONE-POINT-ADVICE!

このかごを、職員室や教室の引き出しにそのまま入れておきます。他の場所で仕事をする際には、そのまま持ち運ぶと、どこでも作業ができます。

36 効率アップのための書類管理法

ダンドリ上手な教師は、整理上手！

◆ 書類はどこへ消えた？

　ついさっきまで見ていた書類が、数分後に見ようとすると、どこにあるかわからない。皆さんは、そんな経験はありませんか？

　私はよく書類を紛失しました。紛失といっても、本当になくしてしまうのではなく、どこにあるか、わからなくなってしまうのです。確かに数分前までその書類を見ていたのですが、ちょっと別のことをして再びその書類を見ようとしてもどこにもないのです。

　当然、仕事の効率は著しく低下します。探す時間がかかり、最悪の場合は書類を見ることができません。そこで、私は書類をいかに自分で使いやすいように管理するかということをずっと考えてきました。

◆「見える化」して管理する

　試行錯誤を経て辿り着いた、私の書類管理のポイントは、「見える化」するということです。どうすれば目立つか、見ただけですぐに探し出せるか、という観点から工夫してきました。

　書類を管理する方法はたくさんありますが、大切なのは、自分に合った管理方法を見つけることです。本で薦めていたからといって、あまりに煩雑な方法では、結局長続きはしません。

　書類を探す手間は仕事の効率を下げますが、書類管理がかえってストレスにならないよう、気をつけてください。

ダンドリのSTEP!

❶ 書類は3つに大別する
「行事や出張などの期日や期間が明確なもの」「清掃班名簿や児童指導心得など、期日と関係なく使うもの」「作成したり提出したりする必要のあるもの」に分けます

❷ 見えるようにファイリングする
紙製のファイルは中が見えず、探すのが面倒です。そこで、それぞれの書類をまとめてバインダーにはさむか、クリアファイルに入れます。

❸ インデックスをつける
重なった書類を素早く探すために、それぞれの書類に付箋紙でインデックスをつけます。ひと手間かかりますが、この手間が後のふた手間を省いてくれます。作成や提出が必要な書類には、ピンクの付箋紙を貼り、提出期日を書いておくと、忘れることがなくなります。

ONE-POINT-ADVICE!
すべてに付箋紙を貼らず、月ごとのインデックスにして、実施期日順や配付期日順に重ねたりして管理する方法もあります。ピンポイントでは見つけられなくても、大きなタイムロスは防げます。

37 やらなければならない仕事は机の上に出しておく

面倒な文書作成もとりかかりがスムーズだとうまくいく！

◆ 資料を出すのも面倒なことがある

　学習指導案の作成のような時間のかかる仕事ではなく、始まれば１時間程度でできあがるような文書作成の仕事でも、いざやろうとするとなかなかやる気がおきないということがあります。

　何が原因なのだろうかと考えてみました。思い当たるのは、やる気がないときには、その文書を作るための資料を取り出すことさえ面倒に思えるということです。資料を取り出すのが面倒なのですから、その先には進みようがありません。

　ならば、職員室に戻ったときに、もう資料が取り出してあるようにしておけばよいのではないかと考えました。

◆ 朝、教室に行く前に机の上に出しておく

　そこで、朝のうちに作成すべき文書についての資料を机の上に出し、それ以外は何もせずに教室に向かいました。今すぐ作らなくていいと思えば、資料を取り出すことそのものはあまり面倒には感じません。

　放課後になって職員室に戻ると、机の上には作成すべき文書の資料が載っています。不思議なことに、普段よりも抵抗なく文書作成に取りかかることができました。

　これは仕事を計画的に進める上でも有効でした。

ダンドリのSTEP!

❶ 朝のうちに放課後やるべき仕事を決める

ToDoリストが作成してあれば、その中からその日の放課後にやろうと思う仕事を選んで決めておきます。リストが作成していなくても、目につく仕事や思いつく仕事の中から選んでおきます。

❷ 関連する文書やシートや資料を机の上に置く

やろうと決めた仕事についての資料や関連する文書、記入すべきシートなどを机の上に出しておきます。1つか2つが適当です。あまり多いと、選ぶのに迷います。

❸ 教室に戻ったら1つを選んで仕事を始める

「一服してから」などと思っていると機を逸してしまいますので、戻ったらすぐに取りかかるようにします。

今日はこの書類を作ることにしよう!!

ONE-POINT-ADVICE!

子どもの記録なども、こまめに残すのが大変ならば、この方法がおすすめです。ただし、その場合は、外部の人や子どもに見られても大丈夫なように、何も書き込んでいないシートを用意します。

38 帰宅する時刻を決めて だらだらしない

「〇時になったら帰る」と決めて、集中しよう！

◆ おしゃべりをする余裕が仕事を妨げる!?

　放課後の職員室で、学年の先生と学年の掲示物をどうするか話し合っていました。

　初めのうちはどこにどんな掲示物を貼るかを話し合っていたのですが、だんだんと話題がそれて、子どもたちの他愛のない話になっていきました。何度か話題を戻して、改めて掲示物について話し合おうとするのですが、いつの間にかまた別の話題になってしまいます。

　こんなひとときが職員室にはよくあります。そして、それは嫌な時間ではありません。息抜きでもあり、親睦を深めることでもある楽しい時間です。

　しかし、この楽しいおしゃべりが仕事の効率を低下させているということもまた事実です。

◆ 終わる時刻を宣言しておく

　教師といえども、仕事以外にもやることはたくさんあります。結婚して家庭を持つと、子育てや親の介護の時間をつくる必要がある場合もあるでしょう。仕事以外のプライベートの時間も大切です。24時間、仕事のことだけを考えていたら、潰れかねません。

　ですから、帰ると決めたら、スパッと帰ることが大事です。そのために、時間を有効に使う方法の1つが、終わりの時刻を決めることです。

ダンドリのSTEP!

❶いつまでに終えるかを決めてから話し合う

掲示物をどうするかについて話し合うなら、「今から30分間で話し合って決めましょう」と最初に宣言をします。

こうすれば、途中で別の話題になることは少ないし、もし話が逸れたとしても、すぐに本題に戻ることができます。

❷退勤時刻を周りの人に周知しておく

仕事を終わる時刻を決める方法の最たるものが、帰る時刻を決めるというものです。終える時刻を決めても、延長することもできます。しかし、帰る時刻を決めてしまえば、「それまでに何とか結論を出そう、仕事を終わりにしよう」と集中して取り組むことができます。

ONE-POINT-ADVICE!

自分の都合だけをいつも優先して勝手に帰っては、人間関係が崩れてかえって仕事がしづらくなります。何事も「過ぎたるは及ばざるが如し」です。相手に合わせる協調性も頭に入れておきましょう。

Part 6

授業で
必ず役立つ
ダンドリ術！

39 早く終わったら何をするかを決めておく

一歩先の指示があれば、子どもは落ち着いて取り組める！

何をすればいいですか？

　初めて3年生を担任したときのことです。
　4月、国語の時間に、最初の単元のテストを行いました。簡単な内容だったのか、子どもたちはスイスイと問題を解いていきます。
　やがて、1人の子がテストを持ってきました。
「先生、テスト終わりました！　何をしていればいいですか？」
「では、テストを出して、漢字の練習をしてください」と指示しました。
　しばらくすると別の子がやって来て、同じ質問をします。
「テストはここに出して、漢字の練習をしましょう」
　3、4人、同じことを繰り返して、全員に指示しておく必要があると思い、テストが終わった人は提出して漢字練習をするように話しました。
　すると今度は漢字練習が終わった子が、聞いてきます。
「先生、漢字練習が終わったら、何をしていればいいですか？」
　最初に、終わったら何をするのか、きちんと指示をしておかなかったことを、深く反省しました。

終わったら何をするかを板書する

「何もしない時間」をつくってしまうと、子どもたちは暇を持て余して、そのうち好き勝手なことをしてしまう可能性もあります。教師はできるだけ先を読み、指示を出しておくことが大切です。

ダンドリのSTEP!

❶ 終わったらいつも何をするかを決めておく

読書をする、漢字の練習をする、終わってない子を手伝う・教えるなど、早く終わったときにすることを決め、子どもたちに伝えておきます。

❷ 特別な場合は板書する

漢字テストの間違いを直す、お礼の手紙の続きを書くなど、特別にさせたいことがあるときは、事前に板書して説明をしておきます。これで、作業が終わって何をするのかを聞きに来る子が徐々に少なくなり、個別指導に集中できるようになりました。

ONE-POINT-ADVICE!

子どもたちが楽しく取り組めるような学習プリントを、何枚か用意して、作業が早く終わったらそのプリントをやってもよいことにしてもよいでしょう。選択肢があると意欲も高まります。

40 忘れ物は自己申告させる

対応の手間が減り、子どもに自覚を促すこともできる！

◆ 忘れ物への対応はかなりの手間

　授業が始まって少し経って、教科書を音読するよう指示しました。机間巡視をしていると、教科書を出していない子が目に入りました。
「教科書は？」
「忘れました」
　その子は教科書がないので音読もせず、ただ座っているだけです。私は教卓に戻り、教師用の教科書をその子に貸してあげました。
　教科書なら貸してあげることも隣の子に見せてもらうこともできますが、工作の材料などはそうはいきません。でも、忘れてそのまま何もせずに1時限を過ごさせることもできません。
　子どもたちに声をかけ、少しずつ材料をもらったりして忘れた子の分を調達する必要があります。また、忘れ物が多ければ、記録をとって保護者にも連絡をし、協力を仰がなければなりません。
　こんなふうに忘れ物への対応はかなりの手間がかかります。

◆ 連絡帳に書いて自己申告をさせる

　忘れ物への対応の手間を減らすと同時に、子どもたちに忘れ物をしないことへの自覚を促すために、連絡帳に忘れ物を書いて自己申告をさせることにしました。自己申告をさせることで、忘れ物に対する意識を高め、忘れ物を減らしていこうと考えたのです。

ダンドリのSTEP!

❶ 忘れ物を連絡帳に書かせる

例えば国語の教科書を忘れたとしたら、連絡帳に日付を書き、「国語の教科書」と赤で書かせます。赤で書かせる理由は、家に帰って子どもたちが連絡帳を見たときに目立つからです。保護者の方への注意も喚起することになり、翌日の忘れ物防止につながります。

❷ 連絡帳を見せながら報告をさせる

報告の仕方は「国語の教科書を忘れました。隣の人に見せてもらいます」というように、忘れたことに自分でどう対処するかまで言わせます。こうすることで、授業中に慌てて対応することがなくなります。

ONE-POINT-ADVICE!

特別に使う物は、早めに予告して、何度か連絡帳に書いておくと、忘れ物が少なくなります。連絡帳に書いて報告させると、それがそのまま忘れ物の記録となり、保護者にも伝わりやすくなります。

41 用具や教科書は複数用意しておく

忘れた子がいることを想定して、先手を打っておこう！

◆ 自己申告によって手間は軽減されたけれど

忘れ物をしたときに連絡帳に書いて自己申告をさせると、次のような効果が生まれます。

- ・授業中の忘れ物のやりとりがなくなり、授業を中断しなくて済む
- ・事前にできる範囲で対策を取ることができ、教科書など見せてもらえば済む場合は、学習活動に支障が出ない
- ・赤で書くことで、忘れ物への自覚が生まれ、家で確認することで次に忘れることが少なくなる
- ・連絡帳に忘れ物の記録が残るので、忘れ物が減っているかどうかを自己評価できる
- ・保護者にも忘れ物の様子がわかる

しかし、教科書に書き込んだり、教科書の末尾に印刷された用紙を切って作業したりする場合は、自分では作業ができません。また、分度器やコンパスを使って作業する場合は、他の子の作業が終わってから貸してもらうため、時間がかかります。

結局、学習活動が行えないか、倍の時間がかかってしまうのです。

◆ 学習活動を保障するために、貸し出し用を準備

そこで、教科書や授業で使う用具類は２、３セット余分に用意をしておき、忘れた子に貸すと、学習活動にスムーズに取り組めます。

ダンドリのSTEP!

❶ 国語、算数の教科書を2、3冊準備する

国語と算数の教科書があれば、とりあえずは大丈夫です。他の教科書は隣の子に見せてもらえば対応できる場合が多いからです。教科書は、各地区の教科書取扱い書店さんに連絡して購入します。

大した金額ではありませんから、ポケットマネーで用意します。

❷ 分度器やコンパスなど、その都度用意しておく

明日の算数では分度器を使うというような場合に、2、3セット余分に用意しておきます。これらは、一度購入すればその後何年も使えますので、これもポケットマネーで購入しておきます。

ONE-POINT-ADVICE!

「貸し出すのはあくまで特別の場合であり、自分で準備するのが基本」ということを、きちんと説明しましょう。くれぐれも、子どもが「忘れても先生が貸してくれるから大丈夫」と思わないように。

42 指示はなるべく板書する

聞いていない子に何度も同じことを言う手間が減らそう！

◆ 聞いていても聞いていない子どもたち

　授業中、次のような指示をしました。
「教科書の38ページと39ページを読んで、こそあど言葉（指示代名詞）を○で囲んでください」
　目の前に座っていた男女２人の子もきちんと私の方を見て、指示を聞いていました。ところが、「では、始めましょう」と言った瞬間、男の子が女の子の方を向いて「何やるの？」と聞いたのです。
　これには、本当に驚きました。
　どんなに真剣に聞いているように見えても、実際には聞いていない子どもたちもいるのです。その子たちにもう一度指示をしたり、説明をしたりしなければなりません。時には聞いていないことを注意することもあり、さらに時間をとられることになります。

◆ いつ、何をして、どうすれば終わりかを板書する

　このように何度も説明したり、注意したりする手間を省くためには、何をするのかがわかるように板書しておくとよいでしょう。
　板書しながら話せば印象にも残りますし、きちんと聞いてなかった子も板書を見れば理解することができます。後で改めて指示を出す場合にも、板書してあればそこを指し示しながら指示を出すことができますので、簡単に済ませることができます。

ダンドリのSTEP!

❶ 短い指示はそのまま書く

例えば、「教科書の〇ページまでを音読する」といった指示の場合は、そのまま「教科書〇ページまで音読 → 終わったら黙読」のように書いておきます。終わったら何をするのかも書くとさらにわかりやすいと思います。

❷ 一連の作業の場合は、順番も書く

1．教科書〇ページまで音読　2．教科書〇ページまでの漢字練習（ノートに1行ずつ）　3．先生にノートを見せに来る

このように書いておけば、さらにスムーズになります。

ONE-POINT-ADVICE!

作業の順番を板書する位置をいつも決めておくと、子どもたちにもよりわかりやすいでしょう。板書する位置の周囲も、掲示物がなくすっきりしているとなおよいと思います。

43 個別指導は短く3回まで

かかり切りになると、授業の進行が遅れてしまうので要注意！

◆ とことんまで面倒を見るのはマイナス

　6年生を担任していたときのことです。
「単位量あたりの大きさ」の学習で、子どもたちにとってはかなり難しい内容でした。練習問題を解かせながら、机間巡視をしていました。
　問題に全く手をつけていない子がいたので声をかけてみると、何から取りかかったらいいか、全くわかっていない様子です。早速、その子に個別指導を始めました。
　ところが、一度つまずいてしまったことで、それ以前に学習したことの理解もあやふやになっていて、最初に戻って指導し直さなければなりませんでした。
　結局、その子1人に15分以上も個別指導をすることになり、その間、他の子への個別指導はできませんでした。さらに、肝心の個別指導をした子も、ずっと教えてもらっていて恥ずかしかったので、あまり頭に入らなかったと後で聞きました。

◆ 個別指導は短時間にピンポイントで

　個別指導では、時間をかけて教えることが、必ずしもよい結果につながるとは限りません。
　できるだけ短時間に、肝心な部分だけをピンポイントで教えて、移動するようにした方がよい場合もあるのです。

ダンドリのSTEP!

❶ 机間巡視で子どもたちに目を配る
問題につまずいている子を見つけます。

❷ 今、つまずいている部分だけを教える
短時間にその部分だけを説明し、場合によってはその部分だけの正解を教えてしまいます。

❸ 机間巡視を続け、先ほど個別指導をした子をチェックする
またつまずいているようであれば、同様に短時間で教えます。

❹ 個別指導は3度までにする
あまり何度も指導されると、嫌がる子もいるので配慮しましょう。

ONE-POINT-ADVICE!

個別指導を3回してもわからない子は、根本的な部分を理解できていない可能性があります。放課後や昼休みなどに、わからない子を集めて指導するとよいでしょう。

44 ノートの使い方を指導すれば、プリントいらず

ノートを効果的に使えば、プリント学習の良さも実現できる

◆ プリント学習のメリット・デメリット

プリント学習のメリットとして、次の点が挙げられます。
- 説明を自由に書き込めるので、子どもにわかりやすい。
- スモールステップにしたり、指導の順番を入れ替えたりできる
- 何をすればいいか、どこに何を書けばいいかがわかりやすく、学習がはかどる
- 評価する際に、どこを見ればよいかが明確なので、評価しやすい
- プリントをノートに貼れば、きれいなノートができる

反対に、プリント学習のデメリットは、次のような点です。
- 自分で構造化する力が育たない（ノートが作れない）
- プリントをなくしてしまう子がいる
- プリントを作るのに手間と時間がかかる

◆ ノートでプリント学習の良さを実現する

プリント学習にはこのようなメリットがありますが、プリントを作成するという手間と時間が必要になります。

しかし、なるべく時間と手間をかけずに、プリント学習の良さを実現する方法があります。ノートを上手に活用するのです。そのためには、ノート指導に工夫が必要です。

ダンドリのSTEP!

❶ ノートの使い方を子どもたちに指導する

次に掲げる項目のうち、学年に応じて、できるところを実践します。

- 左側2cmくらいのところに縦線を引き、線の左に「日付」「教科書のページ」「問題番号（算数）」などを書く
- 目標は赤線で囲む
- 問題文や学習活動は黒線で囲む
- 黒板に色違いのチョークで書いた文字は赤で書く
- 単元名や題名は2行分の大きい文字で書く
- ノートの上部欄外に名前を書かせる
- 授業の終わりに、自己評価を書かせる

❷ ノートの見本を作成してノートに貼らせる。
❸ 学習しながらノートに書く練習をする時間をとる
❹ 上手なノートを印刷して配付する

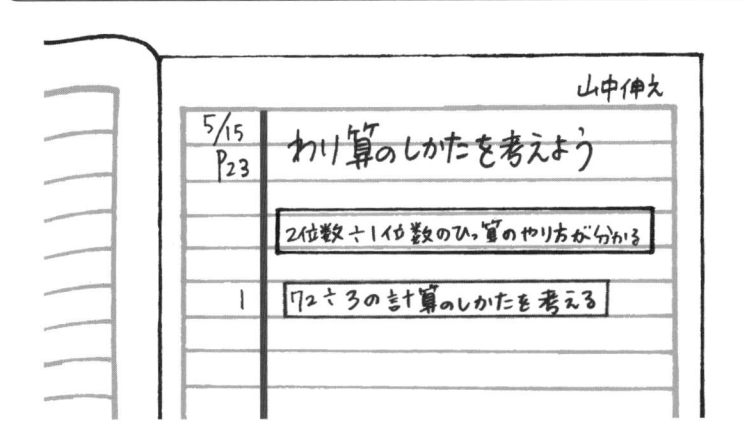

ONE-POINT-ADVICE!

名前は、ノートを集めた際に、ノートの表紙を見なくても誰のものかがわかるために書かせます。時間ごとの自己評価は、子どもたちの意欲を高めると同時に評価資料の1つとして用います。

45 子どもの板書、作品は写真に残す

子どもの成果物は、写真に撮っておくと、評価に役立つ!

◆ 苦労した板書の記録

　若い頃、板書の記録を残すのに苦労したことがありました。
　自分の板書は、ある程度計画をして臨むので、だいたいは記録することができます。しかし、子どもから聞いた意見や、子どもたち自身に板書させたりした部分は、なかなか正確に記憶することはできません。
　そこで、学級会では書記の子を任命して、その子にノートに記録してもらいました。また、授業での板書の記録は、ノートを比較的よくとる子のノートを何人か授業後に借りて、それらをつきあわせながら、記録を残しました。
　しかし、これは思った以上に手間がかかり、板書の記録はどうしても不完全なものとなりました。
　ところが、ついに画期的な方法で板書を残すことができるようになりました。デジタルカメラの登場です。デジタルカメラはフィルムのカメラと違って、撮ってすぐに見ることができ、気軽に何枚も撮ることができます。

◆ 写真に撮っておくと便利なもの

　写真に撮っておくとよいものは板書だけではありません。デジタルカメラは枚数を気にせずに撮れますので、次のようなものはとりあえず撮っておくとよいでしょう。

ダンドリのSTEP!

❶ 図工や生活科、書写や家庭科の作品
作品はいずれ家庭に返してしまい、なくなってしまうことも多いものです。後で確認するためにも撮っておくとよいと思います。

❷ 子どもたちのノート
ノートはコピーして残しておく方法もありますが、手間と保存場所を考えると、写真の方が優れています。

❸ 賞状
賞状を持った姿を撮っておくと、記録を書くとき役立ちます。

ONE-POINT-ADVICE!

撮った写真は、学級懇談会で保護者に見せたり、評価資料としたり、所見を書く際の材料としたりします。また、年度末にCDに焼いて、子どもたちにあげてもいいでしょう。

46 発表を聞きながら評価をする

国語や総合や生活科でも、発表を聞きながら評価すると確実！

◆ 発表の進行役になっていては評価できない

　以前の私は、子どもたちに何か発表をさせるとき、いつも進行役になっていました。
　例えば国語の「インタビューをしよう」という学習で、誰にどんなことをインタビューして、どんなことがわかったかをまとめて発表したときのことです。
　子どもたちに、次のように話します。
「それじゃあ、積極的に発表してくれる人から発表しましょう。誰かトップバッターで発表してくれる人？」
「今の〇〇さんの発表を聞いて、何か質問がありますか？」
「はい。ありがとうございました。発表の中で、質問を念のために5つ考えていったというのがありました。すばらしいですね」
　こんな感じで、まるでテレビの司会者のように振る舞っていたのです。
　これはこれで発表がスムーズに進みますから、悪いことではなかったのですが、発表に対する評価の記録が残らないのがつらいところでした。

◆ 進行役を降り、聞き手の子どもたちと一緒に評価する

　そこで、発表の際の評価の記録を残すために、進行役を最小限とし、子どもたちと一緒に聞き役に徹することにしました。聞き役に徹して評価しながら、大きくうなずいたり、驚いたりして発表を盛り上げました。

ダンドリのSTEP!

❶ 発表順は出席番号の順とする

これがもっともスムーズに流れます。希望順とすることもありましたが、その際は子どもたちの自主性も評価します。

❷ 子どもたちにも評価用紙を配付し、評価させる

子どもたちに、発表の技術面と内容面の両面からの観点を、5〜6のポイントに絞って点数で評価させるようにします。

❸ 同じ評価用紙で、子どもたちと同じタイミングで評価する

聞き役の子どもたちが評価しているときに、一緒に評価します。こうすることで、発表と同時に評価ができます。子どもたちの評価用紙を見ることで、聞き取る力や意欲も評価することができました。

ONE-POINT-ADVICE!

全員の発表が終わったら、評価の高かった子を3人発表します。子どもたちは自分の評価と何人同じかを興味を持って聞いています。3人とも自分と同じという子は、評価力を認められ、とても喜びます。

47 毛筆書写の準備、片付けをまずきちんと教える

スムーズに授業を進めるためには、はじめの指導が肝心!

◆ 大変なことになった最初の授業

　初めて３年生を担任したときのことです。
　毛筆書写の初めての授業を迎えました。
　それまで４年生以上しか担任したことのなかった私は、特に指導しなくても、子どもたちはきちんと準備や後片付けができるものと思っていたました。しかし、始まってみたら大変なことになりました。
　まず、子どもたちは硯の使い方はもちろん、置き方さえ知りませんでした。海と陸を反対向きにして置いている子も多く、筆を海の墨汁にひたしてから、余分な墨汁を陸で落として整えるということも知りません。気づくと、半紙が墨汁でびしょびしょです。
　また、余った墨汁を墨汁入れに戻そうとして、誤って床にこぼし、床が真っ黒になりました。手足はもちろん、多くの子が衣服を黒く汚してしまう始末。筆を洗いにいく時にも、墨汁をぽたぽたと落としながら行き、廊下に点々と黒い跡がついていました。
　実際に書いた時間よりも、後片付け、後始末の方にはるかに多くの時間がかかりました。

◆ 墨汁の代わりに水を使って準備、片付けの練習

　これに懲りて、３年生の毛筆書写の学習では、最初の２時間を準備と片付けの仕方を教える時間としました。

ダンドリのSTEP!

❶ 墨汁のかわりに水を硯に入れる

最初は水で練習をすると、汚れません。最近の墨汁は水できれいに洗い流すことができますが、最初は水で練習した方が抵抗がないようです。

❷ 筆をほぐして整える練習をする

最初から墨汁でやると、この時点であちこち汚したり、そのせいでざわついたりします。

❸ 水で半紙に書いてみる

筆で書く感触を味わいます。同時に筆の持ち方、穂先の向きなども指導します。水なので、汚れを気にせずに書くことができます。

ONE-POINT-ADVICE!

実際の片付けでは、半紙で余った墨汁を吸い取り、墨汁入れには戻させません。筆は同じく半紙でよく拭き取らせ、家で洗わせます。学校で洗う場合は、雑巾で穂先を包ませて移動するように教えます。

48 テスト類は番号順に3〜4か所で集める

練習すれば、もっとテキパキ集められる！

◆ 時間がかかっていたテストの回収

　以前、新しく5年生の担任になって、最初のテストをしたときのことでした。時間がきてテストを集めようと、「番号順に集めてください」と声をかけました。

　すると、子どもたちが出席番号順に教卓の前に1列に並び始めました。

　そして、出席番号の1番の子から、教卓の上にテストを裏返して置いていくのです。

　これを整然とやるのならまだよかったのですが、最後の子たちは並ばずにおしゃべりを始め、列の途中の子もおしゃべりを始め、提出した子もおしゃべりを始め、かなり騒がしい回収となりました。しかも、おしゃべりをしながら置いていくので、自分の順番に気付かない子もいたりして、時間もかかりました。

◆ スポット回収で短時間に集める

　そこで、テストを集める方法を何か所かのスポットで集める「スポット回収」に変更しました。

　1人ずつ集めてもそれほどの時間がかかるわけではありません。

　しかし、回収にかかる時間はムダな時間です。この方法ならば、目の前でムダな時間が過ぎていくことがなく、気持ちよく回収することができます。

ダンドリのSTEP!

❶ スポット回収担当者を決める

クラスの人数が31人だったので、出席番号1番の子、11番の子、21番の子に、スポット回収担当者になってもらいました。あまり多すぎると混乱するため、10人に1人の担当者が適切です。

❷ 各スポットで集める

1番から10番の子は、1番の子の席に集まってテストを番号順に集めます。11番から20番の子は11番の席というように、各スポットで番号順に集めます。

❸ スポット回収担当者が教卓に提出する

最後は、回収担当者が教卓に集まって、番号順に集めて終わりです。

ONE-POINT-ADVICE!

10人ずつ集めても、だらだらと騒がしくなるときには、人数を少し減らして集めます。キッチンタイマーを使って、「30秒以内で」「25秒で」などと時間を指定すると、静かにさっと集まります。

49 簡単な採点は子どもにさせる

時間短縮だけでなく、子どもの学力向上にもつながる！

丸付けには多くの手間と時間がかかる

教師の事務仕事の中で、「丸付け」は最も労力を使うものかもしれません。

- ・単元の評価テスト
- ・漢字ドリル、計算ドリルなどのドリル類
- ・漢字豆テスト、計算小テストなどの小テスト類
- ・各教科のノート、音楽ノートなどのノート、ワーク類
- ・宿題プリント、まとめプリントなどのプリント類

など、たくさんあります。

これらの丸付けの時間を合わせると、相当な時間になります。

日々の仕事の中で、丸付けが負担になっている方は、多いのではないでしょうか。

採点を採点する

ある研修会で「小テストは子ども自身に採点をさせた方が力がつく」という話を聞いて以来、私はこれを実践しています。

評価に直結するようなテストの採点は、教師が確実に行うべきですが、日々の学習の確認のための小さなテストは、子ども自身に丸付けをさせた方が子ども自身の自己評価にも役立ちます。

ダンドリのSTEP!

❶ 採点させるテストやプリントを決める
採点が単純な計算プリントや漢字書き取りプリントがよいでしょう。

❷ 答えが常に手元にあるように準備する
答えを配付する時間がかからず、スムーズに採点できます。

❸ 採点後は必ず教師が確認する
子どもたちが採点したプリントの最終確認は教師がします。子どもが採点に慣れてくるとチェックも簡単です。

❹ 何度も採点ミスがある子は個別に指導する
適当にやっている子や、細かい部分を比較することが苦手な子には、個別に対応します。

> みんな正確に採点できるようになってきたな

> まる…ばっ…かな

ONE-POINT-ADVICE!

子どもたちは、自分のテストの採点をするようになると、間違えずに採点しようとするので、漢字などの細部までよく見るようになります。それが学力向上にもつながります。

50 学習習慣の指導には時間を惜しまない

学習習慣づくりにかけた時間は、後から必ず取り戻せる！

◆ 学習習慣が身についていないと時間がかかる

　他の先生のクラスに補教（補欠）で入ったときのことです。
　教室に行くと、今日は担任の先生がいないとわかっているからか、席を離れてしゃべっている子が何人かいました。
　私の姿を見ると、ようやく席についたものの、その後もしばらくざわざわとしていて、なかなか号令がかかりません。
「日直が号令をかけるの？」と訊くと、日直が小さな声で号令をかけました。「もうちょっと、元気にやってみよう」とやり直させましたが、ほとんど変わりません。子どもたちの起立の動作も非常に緩慢です。
　起立さえもそうですから、お辞儀も適当。頭だけを下げるのは当たり前で、中には全く直立のままの子もいます。「きちんとお辞儀をしよう」と言い、何度か手本を見せて練習をしました。
　また、着席しても、机の上に勉強道具が出ていない子が何人もいます。
　用具を準備するように指示し、学習習慣の大切さについて、ひとしきり指導することになってしまいました。

◆ 最低でも身につけさせたい、「時間」「姿勢」「返事」

　こんなふうに、学習習慣が身についていないと、指導に時間がかかります。ですから、学習習慣こそ、初期の段階できちんと身につけさせておきたいものです。

ダンドリのSTEP！

❶ 時間をかけることを共通理解する

時間をかけて取り組むことを、学校や学年で共通理解して始めることが大切です。歩調が乱れてしまうと、効果が少なくなります。学習習慣がきちんと身に付いていれば、その後の指導の手間と時間が省けます。最初に時間をかけても長い1年間に必ず取り戻せます。

❷ 重点を決める

あれもこれもではなく、ポイントを絞って指導します。

○時間を守る……作業の能率が上がり、切り替えがスムーズになります。

○姿勢を正す……座った姿勢、立った姿勢など。特に聞く時の姿勢をよくすると、真剣さが増します。

○張りのある返事……活動に前向きになり、活気が生まれます。

❸ 根気で子どもに負けない

習慣形成には長い時間が必要です。なかなかできないとあきらめてしまいがちです。根気強さ比べと思って取り組みます。

ONE-POINT-ADVICE!

3つを同時に指導してもかまいませんが、1つがある程度習慣化してきたら次に進むように、1つずつ取り組んでいった方が、子どもたちの意識も集中するでしょう。

51 子ども同士で教え合うクラスにする

教え合うことが、子どもの学力向上につながる！

◆ 子どもたちは教えたがり

　算数の授業で練習問題を解かせていました。
　算数の得意な子は早く終わってしまい、算数のドリルを始めました。
　一方、苦手な子はなかなか終わりません。個別に教えていたのですが、1人では限界がありました。それに、苦手な子が困っているのに、得意な子が黙々とドリルを進めていくのも、何か悲しい気がします。
　そこで、早く終わっている子に、「まだ終わってない人に教えてあげてもいいっていう人は、教えてあげてください」と言ってみました。
　すると、算数のドリルをやっていた子たちのほとんどが、ドリルをやめて、まだ終わらない子に教え始めました。しかもその教え方もなかなか上手です。
　教室は和気あいあいとして楽しく授業が進んでいきました。

◆ 教えてもらうことが自然にできるようにする

　子どもたちは、教えてあげることが好きなのです。しかし、教えてもらうとなると、ともすると恥ずかしさが勝ってしまい、なかなか言いだせないようです。
　そこで、教えたり教えてもらったりすることが、いつでも自然にできるように工夫してみました。

ダンドリのSTEP!

❶「教えてサイン」を決める

「今、わからないから教えてほしい」というサインを決めます。挙手は意外に勇気がいるので、赤白帽子を赤くして小さくたたみ、机の上に出すことにしました。これによって、自力で頑張りたい子は、やるのが遅くても邪魔されずに取り組むことができました。もちろん、積極的に声をかけて教えてもらう子もいました。

❷ 答えではなく、やり方を教える

教えてあげる子には、答えを教えるのではなく、やり方を教えてあげるように伝えます。友達に教えてもらってもよくわからない子には、私が個別に教えることで、個別指導を有効に行うことができました。

解き方わかる？

早く終わった人は教えてあげてくださーい

ONE-POINT-ADVICE!

子どもの中には、同級生に教えてもらうことを嫌がる子もいます。また、子どもたちが教えるのには限界もあります。そういうことをきちんと把握し、最終的には教師が個別指導をすることが肝心です。

52 他の先生の作ったプリントはもらっておく

すぐには使わなくても、役立つときが必ずある

◆ もらう、拾う、コピーする

　ある日、印刷室に紙を取りにいくと、他の先生が作った手作りの迷路のプリントが1枚、床に落ちていました。
　おもしろそうだったので、ちゃっかりもう1枚コピーをとり、教室に持って行きました。
　すると、目ざとい子が迷路のプリントを見つけて質問してきました。
「先生、このプリントやるの？」
「やりたい？」
「やりたい！」
「よし、じゃあ、3時間目の社会のまとめ新聞が早く終わった人にあげることにしようかな」
「やった〜！　早く終わりにして、プリントもらおう」
　その日の社会科のまとめ新聞作りは、いつも以上に子どもたちが張り切っていたのは言うまでもありません。

◆ プリントを積極的に集めて保管する

　子どもたちが作業を早目に終えたとき、急に自習をさせなければならなくなったとき、子どもたちの意欲を高めたいときなど、プリントが役に立つ場面はたくさんあります。ですから、どんなプリントでもとりあえず集めておくとあとで役に立ちます。

ダンドリのSTEP!

❶ プリントを宝物と思って収集する意識を持つ

自作、他作に限らず、実に多くのプリントが学校内では使われます。私たちは通常それらのプリントに注意を払いません。これはもったいないことです。プリントを集める意識を持ちましょう。

❷ 大雑把に分類をして保管する

手に入れたプリントは、学年とか教科とかで大雑把に分類して保管しておきます。重ねられる書類入れが便利です。

❸ できるだけ学校全体で取り組む

学校全体で申し合わせておけばさらに便利です。印刷したら、学年別、教科別に引き出しにしまうようにします。

ONE-POINT-ADVICE!

最近はドキュメントスキャナもかなり安価になってきていますので、プリントをデジタルデータで保管する方法もあります。これなら、場所も取らず、検索も容易にできます。

53 市販のテストにプラスαを書かせる

テストの余白も、有効活用！

◆ 余白に何か書きたがる子どもたち

　単元の評価テストをしていると、子どもたちがよく「裏に絵を描いていいですか？」と聞いてくることがありました。

　テストによっては裏側に大きな余白がありますから、何か描きたくなる気持ちもわかります。

　それでふと、「ここに何も書かないのはもったいないのではないか」「ここに何か書かせたらおもしろいのではないか」と思いました。

　そこで、子どもたちに「裏側に、この勉強をしておもしろかったこと、難しかったこと、こんなこともやってみたいなど、感想を書いてください。イラストを入れてもいいです」と話したところ、ほとんどの子が感想を書いてきました。

◆ 余白を積極的に活用して評価資料とする

　それ以来、テストの裏側に余白があるときには、そこに授業の感想を書いてもらうことにしました。子どもたちの中にはテストが早く終わってしまい時間をもて余している子もいますので、そういう子にはなるべく詳しく書かせることで時間の調整にも役立ちました。子どもたちに書かせた感想は、学期末の評価資料として活用できます。

ダンドリのSTEP!

❶ 何を書かせるか決める
通常は、その単元を勉強して思ったこと、気付いたこと、さらに追究してみたいことなど、感想中心に書かせます。自分で問題を作って解かせたりもします。

❷ 書かせる内容は板書しておく
テストが始まったらすぐに、余白に書く内容を板書し、同時にどこに書くかを図で示しておきます。

❸ きちんと採点をして返す
書いたことは採点して返します。満点が120点などとなり、子どもたちも大喜びです。

ONE-POINT-ADVICE!

イラストを入れていいことにすると子どもたちも喜びます。ときには、「先生の顔を描いて、勉強についてお願いしたいことを一言書いてください」など、楽しい課題を出したりするとよいでしょう。

54 名前磁石で板書の手間を省く

指示を効率化し、授業を活性化できる！

◆ 効果的だとほめられた授業

20代の頃、国語の授業を校長先生に見てもらう機会がありました。

物語の場面を図にして板書し、筆者の目の位置はどこにあるかを子どもたちに考えさせる授業でした。

子どもたちから出された意見をいくつかに絞り、あらためてそれらの意見のうち自分が最も妥当だと思うものを選ばせます。そして、その位置に自分の名前磁石を貼らせました。

子どもたちの意見は見事に分かれ、それぞれの位置に数人ずつの名前磁石が貼られました。その後、それぞれの位置ごとに子どもたちに理由を述べさせ、話し合いをしました。

授業の後、校長先生から「あの名前の磁石が生きる、恰好の場面でしたね」とおほめの言葉をいただきました。

それ以来、教室には名前磁石を必ず用意し、授業で活かすよう心がけ続けています。

◆ 名前の板書が一瞬でできる

名前の磁石があると、名前をさっと板書することができます。係を決めたりグループを決めたりするときにも重宝します。子どもたちが使うこともできます。

ダンドリのSTEP!

❶ マグネットシートで名前磁石を作る
名前を書くのにちょうどよい大きさのマグネットシートが売られていますので、それを購入して表裏にマジックで名前を書きます。なるべく大きく、教師が書くようにします。

❷ 1人2枚作り、1枚は子どもたちが、1枚は教師が持つ
子どもたちの磁石は、各自の机に貼らせておきます。教師の持つ磁石は、番号順に並べて教卓や教師用机に貼っておきます。

❸ いろいろな場面で活用する
・席替えやグループ決め、バスの座席決めなどに重宝します。
・黒板に意見を書く時、磁石を使うと誰の意見かよくわかります。
・どれがいいか選択するとき、子どもたちに貼らせます。
・全部集めれば、くじ引きにも使えます。

ONE-POINT-ADVICE!

磁石に名前を書くのは手書きでもいいのですが、ラベルプリンターで名前ラベルを作って貼ったり、シール用紙に印刷して貼ったりすると、きれいでより見やすくなります。

55 班と班員に番号をつける

仕事を分担したり、指名したりするときに便利！

◆ 理科の実験の準備に手間取る

理科の実験で、器具を準備するときには、いつも、
「グループで１人、ビーカーを取りに来なさい」
「グループで誰かガラス棒と試験管を持って行きなさい」
と指示していました。

これでも特に支障はありませんでしたが、よく見ると、同じ子が何度も取りに来るグループがあります。

また、グループ内で互いに譲り合っていてなかなか取りに来ないグループもあります。

実験が始まると、積極的に操作をする子がグループの中でだいたい決まり、記録を取る子、控えめに眺めている子なども固定化してきました。

なるべく全員に準備も実験も記録もさせたいと思い、グループ内で順番で行うように伝えるのですが、なかなかうまくいきませんでした。

◆ 番号をつけると全てがスムーズに動く

こんなときは、班員に番号をつけるのがおすすめです。班員１人ひとりに番号をつけて、まんべんなく番号を呼んで指示を出すのです。実際には座席に番号をつけ、その座席に座る子をその番号で呼ぶようにしました。こうすることで、指示がとてもスムーズに通るようになり、全員が積極的に実験に参加するようになりました。

ダンドリのSTEP!

❶ 座席に番号をつける
どこでもよいのですが、理科室のテーブルの、ある座席を1番とし、時計回りに2、3、4と決めます。

❷ 座席の番号がそこに座った子の番号になることを説明する
2番の席に座った子は2番というわけです。

❸ 準備、片付けの時に番号で指示する
「1番の人、ビーカーを取りに来なさい」
などと指示を出します。

❹ 実験の際には、役割を板書しておく
「1番　記録」などと書き、実験ごとにローテーションさせます。

ONE-POINT-ADVICE!

実験の結果を発表する際にも「今日は3番の人だね」などと指示を出すと、全員が発表できます。また、「2番の人だけ残ってください」などと指示を出して、片付けをお願いすることもできます。

● 著者紹介

山中伸之（やまなか　のぶゆき）

1958年生まれ。
宇都宮大学教育学部を卒業後、栃木県内小・中学校に勤務。
現在は、栃木県・小山市立小山第一小学校に勤務。
- 実感道徳研究会会長
- 日本群読教育の会常任委員
- MM『kyositu.comニュース』編集長
- 日本基礎学習ゲーム研究会員
- 渡良瀬にこにこサークル代表

著書『できる教師のすごい習慣』、『できる教師の子どもを変えるステキな言葉』、『できる教師のココロの習慣』、『カンタン楽しい！運動会種目77』、『できる教師の文書・連絡帳・通知表の書き方』（以上、学陽書房）、『返事・挨拶の上手な子に育てる10のポイント50の技術』（ひまわり社）、『できる教師のどこでも読書術』、『キーワードでひく小学校通知表所見辞典』（さくら社）、『ちょっといいクラスをつくる8つのメソッド』（学事出版）、『「聴解力」を鍛える三段階指導』（明治図書）他共編著多数

E-mail：yama-san@par.odn.ne.jp
Homepage：http://www.geocities.jp/yamanonaka339/
blog：http://jikkankatari.blog.fc2.com/

忙しい毎日が劇的に変わる
教師のすごいダンドリ術！

2013年10月28日　初版発行
2014年12月10日　3刷発行

著　者	山中伸之
発行者	佐久間重嘉
発行所	学陽書房
	〒102-0072　東京都千代田区飯田橋1-9-3
営業部	TEL 03-3261-1111　FAX 03-5211-3300
編集部	TEL 03-3261-1112　FAX 03-5211-3301
	振替振替　00170-4-84240
装丁・本文デザイン／Malpu Design（渡邉雄哉）　イラスト／尾代ゆうこ

印刷／加藤文明社　　製本／東京美術紙工

© Nobuyuki Yamanaka 2013, Printed in Japan　ISBN 978-4-313-65247-7 C0037
乱丁・落丁本は、送料小社負担にてお取り替え致します。